KLAUS DOUGLASS | FABIAN VOGT

Der evangeliscne Patient

Die Kirche:
eine Heilungsgeschichte

EVANGELISCHE VERLAGSANSTALT
Leipzig

Bibliographische Information der Deutschen Nationalbibliothek
Die Deutsche Nationalbibliothek verzeichnet diese Publikation in der
Deutschen Nationalbibliographie; detaillierte bibliographische Daten
sind im Internet über http://dnb.dnb.de abrufbar.

2. Auflage 2021
© 2021 by Evangelische Verlagsanstalt GmbH · Leipzig
Printed in Germany

Das Buch wurde auf alterungsbeständigem Papier gedruckt.

Gesamtgestaltung: Mario Moths, Marl
Karikatur Umschlagrückseite: Werner Tiki Küstenmacher
Druck und Binden: CPI books GmbH

ISBN 978-3-374-06630-8
eISBN (PDF) 978-3-374-06631-5
eISBN (E-Pub) 978-3-374-06632-2
www.eva-leipzig.de

Ich wünsche mir,
dass es dir
in allen Dingen
gut gehe
und du gesund seist.

3. Johannesbrief 1,2

INHALT

Einleitung

Als Johannes der Täufer auf der Feste Machärus am Toten Meer im Kerker sitzt, gerät er eines Tages in eine tiefe Existenzkrise: *» Woher weiß ich eigentlich, ob das, was ich verkündige – meine religiösen Praktiken und meine Vorstellungen vom Reich Gottes –, richtig ist?«* Wahrhaftig eine schwere Anfechtung für einen Gottesmann! Voller Verzweiflung schickt Johannes aus der Gefangenschaft einige seiner Jünger zu Jesus und lässt diesem seltsamen Rabbi eine einzige, aber alles entscheidende Frage stellen: *»Bist du der, der da kommen soll, oder sollen wir auf einen anderen warten?«* Mit anderen Worten: *»Bist du nun der Messias, der Retter der Welt, der Gesandte Gottes, dessen Ankunft ich seit Jahren verheiße ... oder bist du's nicht?«* Offensichtlich war es selbst für einen Propheten wie Johannes schwer einzuschätzen, ob das, was um ihn herum geschieht, ein geistlicher Aufbruch im Sinne Gottes ist oder nicht. Könnte er sich nicht auch spirituell verrannt haben?

Insofern verbergen sich hinter dieser Frage nach Jesu Identität viele weitere, mindestens ebenso relevante Fragen: Woran erkenne ich, ob das »Reich Gottes« angebrochen ist? Wie macht sich die Rettung der Welt konkret bemerkbar? Was genau sollen Glaubende tun oder lassen? Und, für Johannes von persönlicher Bedeutung:

Woher weiß ich, dass ich nicht aufs falsche Pferd gesetzt habe? Was hat es mit diesem Wanderprediger auf sich, der bislang politisch nicht durchgegriffen hat? Ist er möglicherweise doch nicht der von Gott versprochene Heilsbringer? *»Bist du der, der da kommen soll, oder sollen wir auf einen anderen warten?«*

Was dann geschieht, ist grandios und für das Christentum wegweisend: Jesus beantwortet die Frage der Johannesjünger nämlich weder mit einem theologischen Vortrag noch mit einem Verweis auf seine wirkmächtigen Predigten oder einem Gleichnis. Nein, er sagt ganz schlicht: *»Schaut hin! Guckt euch um!«* Wörtlich: *»Geht und sagt Johannes, was ihr hört und seht: Blinde sehen! Lahme gehen! Aussätzige werden gesund! Taube hören! Tote stehen auf! Und Armen wird das Evangelium gepredigt.«* Offensichtlich gibt es genau da, wo Jesus in diesem Augenblick wirkt, einiges zu sehen und zu erleben.

Konkret heißt das: Das Erkennungszeichen des Evangeliums ist, dass es geschieht. Spürbar und erfahrbar! Ja, das Heil erkennt man zuallererst daran, dass Menschen gesund werden: *»Blinde sehen! Lahme gehen!«* Daran, dass die Einschränkungen, die jemanden hindern, ein *»Leben in Fülle«* zu führen, überwunden werden. Kurz: Das Evangelium ist keine graue Theorie, sondern praktizierte Liebe (Gottes). Und wenn jemand mit dieser Liebe in Kontakt kommt, dann verändert sich etwas in seinem Dasein nachhaltig zum Guten.

Jedes Dogma, jede Theologie verblasst vor den leuchtenden Augen eines Menschen, dem Heil widerfahren ist. Das haben schon die frühen Propheten verstanden – und das führt Jesus seinem Wegbereiter Johannes neu vor Augen: Da, wo Gott gegenwärtig ist, geschieht Heilung; vielleicht nicht immer so, dass alle Leiden und aller Schmerz überwunden werden, aber auf jeden Fall in Form eines heilenden Hineinwachsens in das Vertrauen auf Gottes Gegenwart. Klarer kann das Reich Gottes nicht sichtbar werden.

Als Johannes der Täufer diese Botschaft hört, findet er seinen Frieden wieder: Jesus ist der Richtige, weil Menschen in seiner Gegenwart Heil und Heilung erfahren.

In diesem Buch wagen wir ein außergewöhnliches Experiment: Wir ändern einfach mal die Perspektive! Wir drehen den Spieß um, indem wir als protestantische Theologen nicht nur auf individuelle Glaubenserfahrungen schauen, sondern uns fragen, ob wir die neutestamentlichen Erzählungen vom heilenden Handeln Jesu auch auf unsere Kirche beziehen können. Schließlich stellt Heilung – in all ihren Dimensionen – das Herzstück christlicher Verkündigung dar. Kann also nicht nur ein Einzelner, sondern auch eine Gemeinschaft geheilt werden?

Verblüffend dabei ist: Wenn wir die Evangelische Kirche als einen heilungsbedürftigen Patienten betrachten, der möglichst bald wieder gesund werden soll, werden die Heilungswunder Jesu erstaunlich konkret. Und wie! Vor allem aber sind wir überzeugt: Die Kirche kann tatsächlich – wie die von Jesus Geheilten – krankmachende Strukturen und Entwicklungen überwinden und wieder eine Gemeinschaft werden, die die Erfahrung macht: *»Dein Glaube hat dir geholfen!«*

Ein derartiger Perspektivwechsel ist schon deshalb erlaubt, weil die Heilungsgeschichten Jesu zu allen Zeiten so ausgelegt worden sind, dass man in den beschriebenen Krankheiten etwas Grundsätzliches erkannt hat. Etwas, das für alle Menschen Gültigkeit besitzt, weil ja auch damals nur ein Bruchteil aller Menschen in den Genuss einer leibhaftigen Heilungserfahrung kam. Das bedeutet: Weil diese Erzählungen immer exemplarisch gedeutet wurden, gelten sie auch für unsere »Glaubensgemeinschaften«!

Das Irritierende an diesem Ansatz ist allerdings, dass wir damit behaupten, die Kirche habe Heilung ebenso nötig wie jeder einzelne Mensch. Und wir ahnen, dass man uns vorwerfen wird, unsere Kirche nicht wertzuschätzen. Aber das tun wir! Sogar mit großer Leidenschaft. Schließlich ist es kein Mangel an Wertschätzung, wenn man einen Patienten auf seine Beschwerden hinweist und mit ihm überlegt, wie er wieder gesund werden könne. Es ist ein Ausdruck von Fürsorge und Liebe.

Unsere kritischen Anfragen an manche heilungsbedürftigen Phänomene in der Evangelischen Kirche sind deshalb kein Angriff auf die vielen großartigen Dinge, die in unseren Gemeinden und Institutionen geschehen. Im Gegenteil: Wir möchten gerade die strukturellen Störungen in den Blick nehmen, die es dem vorhandenen Guten oft so schwer machen. Betrachten Sie unsere Ausführungen deshalb bitte als Anregung und nicht als Verriss. Wir haben keinerlei Interesse daran, uns einfach mal über diverse Krankheitssymptome unserer Kirche aufzuregen – es geht darum, miteinander herauszufinden, wie unsere Kirche gesund werden kann.

Schon zu Jesu Zeiten galt: Wunder durchbrechen die Realität. Darum rufen die Augenzeugen oftmals aufgeregt: »So etwas haben wir noch nie erlebt!« Wir, die Autoren dieses Buches, sind überzeugt, dass die meisten der im Neuen Testament überlieferten Wunder Jesu tatsächlich stattgefunden haben. Es ist aber kein Zufall, dass die Evangelien statt von Wundern lieber von »Zeichen« reden. Weil das, was Jesus an Kranken getan hat, zeichenhafte Bedeutung für alle Menschen hat. Und: Zeichen weisen über sich hinaus.

Darum greift die Frage »*Sind die Wunder Jesu wirklich geschehen?*« viel zu kurz. Gelegentlich führt sie sogar dazu, dass man sich mit ihrer Hilfe die eigentlichen Aussagen der Wundergeschichten geschickt vom Leib hält. Wenn man zum Beispiel vor lauter Spekulation darüber, ob Jesus wahrhaftig übers Wasser laufen konnte, gar nicht mehr fragt: »*Kann dieser Jesus auch mir helfen, wenn mir das Wasser bis zum Hals steht?*« Und: Kann er meiner Kirche helfen?

Weil Zeichen über sich hinausweisen, stehen die in den Heilungsgeschichten genannten Gebrechen auch nicht nur für einzelne Symptome, sondern für umfassende Krankheitsbilder: Was passiert, wenn Menschen nicht mehr richtig zu*hören*, nicht mehr hin*sehen*, wie *gelähmt* sind vor Angst oder sich innerlich wie *tot* fühlen? Und was kann man tun, wenn ganze Institutionen unter solchen Phänomenen leiden?

»Krankheiten« beschreiben dabei vor allem eines: eine Reduktion der eigenen Möglichkeiten, des eigenen Potentials und des Kontaktes zu anderen. Und da, wo Gott ins Spiel kommt, geht es darum, derartige Einschränkungen hinter sich zu lassen.

Verbunden mit dieser Beobachtung ist eine Verheißung: Gott möchte Unheil mit Heil überwinden. Böses mit Gutem. Liebloses mit Liebe. Ganz gleich, ob es dabei um Individuen, Gruppen oder ganze Institutionen geht. Wie Kirche ihre »Krankheiten« im Blick auf Jesus, den Heiler, überwinden kann – dem will dieses Buch auf die Spur kommen. Und es will Mut machen: Lasst uns wieder anfangen, an Wunder zu glauben. Schließlich wäre es phantastisch, wenn wir in den Ruf einstimmen könnten: »*So etwas haben wir noch nie erlebt!*«

Wir stellen Ihnen in diesem Buch zwölf markante Heilungsgeschichten Jesu vor, deren Erfahrungen sich überraschend unkompliziert auf die Evangelische Kirche übertragen lassen. Ja, oftmals ist in ihnen der Bezug zur Institution sogar schon angelegt. Und auch wenn jede dieser Heilungen in sich abgeschlossen ist, betonen sie doch unterschiedliche Schwerpunkte innerhalb eines Genesungsprozesses. Insofern versuchen wir mit der Abfolge unserer Kapitel ein wenig, die Phasen eines solchen Verlaufs abzubilden: Wir fangen mit den Wundergeschichten an, bei denen nach langer Krankheit ein dringend notwendiger Impuls für Veränderungsbereitschaft sorgt, betrachten dann, wie Jesus Krankheiten diagnostiziert und welche Therapien er anwendet, um abschließend zu klären, warum Glaube, Liebe und Hoffnung nach wie vor die beste Medizin sind.

Dabei verstehen wir unsere Auslegungen vor allem als Einladung: Lasst uns gemeinsam prüfen, wie wir die »Evangelische Kirche« – den »evangelischen Patienten« – wieder gesund bekommen. Wobei eines von Anfang an klar ist: Zur Gesundung braucht es die Mithilfe des Patienten. Denn wenn er eine Diagnose nicht an sich heranlässt oder die therapeutischen Hinweise nicht oder nur halbherzig befolgt, wird sich an seinem Zustand kaum etwas ändern, jedenfalls nicht zum Positiven.

Eigentlich ist es eine Binsenweisheit, dass Heilungsprozesse – gerade bei psychosomatischen Erkrankungen – nur in Gang kommen, wenn Menschen sich eingestehen, dass sie krank sind. So wie eine Entzugstherapie nie funktioniert, wenn ein Alkoholiker seine Abhängigkeit verleugnet. Es könnte sein, dass das für die Evangelische Kirche genauso gilt: Solange sie sich einredet, sie sei gesund und für die Einbrüche der vergangenen Jahrzehnte seien nur äußere Faktoren verantwortlich (die Säkularisierung, die Pluralisierung, die Krise der Institutionen usw.), braucht kein Arzt mit einer Therapie zu beginnen. Das, was am Leben hindert, muss benannt werden, um einen Gesundungsprozess einleiten zu können.

Deshalb versteht sich unser Ansatz als Praxiskonzept – als Inspiration für Einzelne oder Gruppen. Das heißt: Die vorliegenden Kapitel lassen sich auch gut in Gemeindevorständen durchgehen, in einem Hauskreis besprechen, in einem Diskussionsabend behandeln oder für eine Predigtreihe nutzen. Wir würden uns freuen, wenn unsere Impulse im Kirchenalltag einen Heilungsprozess anregen würden – selbst dann, wenn Sie bei der »Therapie« zu anderen Ergebnissen kommen als wir.

Wie gesagt: Eine Erneuerung wird nur einer ehrlichen Bestandsaufnahme entspringen. Und wir finden, dass die Heilungsgeschichten des Neuen Testaments dazu viele Inspirationen bieten. Übrigens nicht nur für die Institution Kirche, sondern auch für jede und jeden Einzelnen – denn letztlich lassen sich die Heilungsprozesse, die wir beschreiben, auf alle Ebenen des Daseins übertragen.

Also: Wenn Sie der Überzeugung sind, die Evangelische Kirche sei kerngesund, dann ist dieses Buch nichts für Sie. Dann halten Sie sich zuversichtlich an den Satz Jesu: »Die Gesunden brauchen keinen Arzt«. Wenn Sie aber wie wir den Eindruck haben, dass die Kirche zurzeit ihr volles Potential nicht erreicht, und wenn Sie Lust haben, daran etwas zu ändern, dann lassen Sie uns gemeinsam anfangen. Jetzt!

Danach war ein Fest der Juden, und Jesus zog hinauf nach Jerusalem. Es ist aber in Jerusalem beim Schaftor ein Teich, der heißt auf Hebräisch Betesda. Dort sind fünf Hallen; in denen lagen viele Kranke. Es war aber dort ein Mensch, der war seit achtunddreißig Jahren krank. Als Jesus ihn liegen sah und vernahm, dass er schon so lange krank war, spricht er zu ihm: »Willst du gesund werden?« *Der Kranke antwortete ihm:* »Herr, ich habe keinen Menschen, der mich in den Teich bringt, wenn das Wasser sich bewegt; wenn ich aber hinkomme, so steigt ein anderer vor mir hinein.« *Jesus spricht zu ihm:* »Steh auf, nimm dein Bett und geh hin!« *Und sogleich wurde der Mensch gesund und nahm sein Bett und ging hin.*

1. Willst du gesund werden?

Der Gelähmte am Teich Betesda – Johannes 5,1-15

»Willst du gesund werden?« Etwas eigenartig klingt die Frage schon. Schließlich liegt der Mann seit 38 Jahren krank darnieder. Das ist eine lange Zeit. Und der Mann hat sich weitgehend an den Zustand seiner Krankheit gewöhnt. Vielleicht hat er sich anfangs dagegen aufgelehnt, aber sich, nachdem er merkte, dass alle Bemühungen vergeblich waren, mit seiner Krankheit arrangiert und einigermaßen in ihr eingerichtet.

Der Punkt dabei ist: Jede Krankheit nimmt uns etwas. Sie schränkt unsere Lebensmöglichkeiten ein, unsere Lebensfreude und unsere Lebenskraft. Jede Krankheit gibt uns aber auch etwas. So bringt Krankheit es in vielen Fällen mit sich, dass man von Alltagspflichten entbunden wird. Und man erfährt viel Aufmerksamkeit, Anteilnahme und Mitgefühl seitens der Menschen ringsum.

Psychologinnen und Psychologen sprechen in solchen Fällen vom »sekundären Krankheitsgewinn«. Dieser ist keineswegs verwerflich. Für viele Krankheiten zahlen wir einen hohen Preis, und es ist nur fair, wenn uns das Leben zumindest ein wenig davon in Form von kleinen Entlastungen zurückgibt.

Freilich hat der sekundäre Krankheitsgewinn seine Tücken. Überlegen Sie mal: Dieser Mensch ist 38 Jahre krank. Er hat sich daran gewöhnt, nicht mehr aufstehen zu können. Ab und zu unternimmt er einen neuen Versuch, aber er schafft es einfach nicht. Immer halbherziger werden im Lauf der Zeit seine Anstrengungen, immer mehr verfestigt sich in seinem Inneren die Überzeugung: *»Es geht einfach nicht.«* Mehr und mehr gibt er sich mit seinem Zustand zufrieden. Mehr, so sagt er sich, kann man vom Leben eben nicht erwarten. Immer wieder sucht seine Seele nach Begründungen dafür, warum das Leben, das er führt, so sein muss – und findet sie auch. Warum es so, wie es ist, gut und richtig ist, warum es nicht anders geht und: warum es auch gar nicht anders sein sollte.

Vielleicht ist die Frage Jesu: *» Willst du gesund werden?«* gar nicht so absurd, wie sie im ersten Moment anmutet. Bedenken Sie, was der Kranke alles aufgeben müsste. Nicht nur die genannten kleinen Vorteile, die mit der großen Benachteiligung einhergehen – das wäre noch okay. Aber er müsste sich auch eingestehen, dass die ganzen Argumente und Gründe, die er im Lauf der Jahrzehnte zur Rechtfertigung seines Zustandes aufgeboten hatte, lediglich dazu dienten, ein falsches Selbst- und Weltbild zu stützen. So etwas gibt niemand gerne zu. Und noch etwas käme hinzu: Er müsste sich anstrengen. Gesundwerden ist nämlich durchaus mühevoll. Wenn man 38 Jahre fest gelegen hat, ist es alles andere als leicht, aufzustehen, sein Bett (und sei es nur eine Matte) unter den Arm zu nehmen und loszulaufen. In unserer Geschichte liest sich das so leicht. In aller Regel aber ist das ein überaus mühsamer Prozess.

Die Frau, die nicht mehr aufstand

Ich habe vor einiger Zeit eine Geschichte gelesen, von der ich fürchte, dass sie wahr ist: Eine 34-jährige Frau in England bekommt eine Grippe. Der Arzt besucht sie und verordnet ihr, im Bett zu bleiben, bis er das nächste Mal vorbeikommt. Dieser Arzt taucht aber – aus welchen Gründen auch immer – nie wieder auf. Die Frau wird nach einigen Tagen wieder gesund, doch sie bleibt im Bett liegen. Genau so, wie es ihr der Arzt gesagt hat.

Nach einigen Wochen stellt die Frau fest, dass es ganz angenehm ist, im Bett zu bleiben und bedient zu werden. Als ihre Mutter nach einigen Jahren stirbt, übernimmt ein Schwager die Betreuung, und so bleibt die Frau 40 Jahre im Bett, bis ein neuer Arzt vorbeikommt und feststellt, dass die Frau, die mittlerweile 74 Jahre alt ist, im Grunde kerngesund ist. Aufstehen kann sie allerdings nicht mehr. Sie ist zu dick geworden und ihre Muskeln zu schwach. Durch gutes Zureden und Therapie wird die Frau sieben Monate später auf die Beine gestellt und lebt noch drei Jahre. Sie stirbt mit 78 Jahren. Mehr als die Hälfte davon hat sie im Bett verbracht.

Der Mensch kann sich an alles gewöhnen, sogar an sein Elend. Es ist ja durchaus auch bequem, sich festzulegen … auf einen Standpunkt, auf bestimmte Umstände oder eine bestimmte Rolle – oder auf das Bett der Tradition: *»Das haben wir schon immer so gemacht«*

oder einer bestimmten Theologie:»*Das was wir machen, funktioniert zwar nicht, ist aber theologisch richtig.*« Und ehe man sich versieht, ist man wie gelähmt. Selbst, wenn man jetzt noch anders wollte: Es geht nicht mehr. Kennen Sie das, dass Sie gerne mal so ganz anders sein möchten, dass Sie mal über Ihren Schatten springen, mal verborgene Seiten Ihrer Persönlichkeit aufdecken und entfalten wollen, aber Sie tun es nicht, denn Sie sind auf die eine oder andere Weise festgelegt? Ödön von Horváth bringt dieses Lebensgefühl gut auf den Punkt:»*Eigentlich bin ich ganz anders. Ich komme nur so selten dazu.*«

Wer das jemals empfunden hat, weiß: Das ist kein schönes Gefühl. Und doch kann sich glücklich preisen, wer diesen Schmerz noch verspürt. Denn das bedeutet, dass unsere Instinkte noch funktionieren, dass es einen Bereich unserer Seele gibt, der sich mit der vorgeblichen Wirklichkeit nicht arrangieren will. Wenn wir diesen Schmerz gar nicht mehr empfinden, bedeutet das, dass wir aufgegeben haben … und dass wir den Glauben verloren haben, dass es über diese vorfindliche Wirklichkeit hinaus noch andere Möglichkeiten gibt. Solange der Schmerz noch brennt, besteht Hoffnung. Es gibt wirklich gute Gründe, warum Jesus fragt:»*Willst du gesund werden?*«

Zwei Geschichten, eine Aussage: Wenn wir lange genug auf einer Matte festliegen, legt am Ende die Matte uns fest. Das gilt für den Mann am Teich wie für die Frau, die nicht mehr aufstand. Und es gilt leider auch für unsere Kirche.

Der evangelische Patient

Es wird Zeit, dass wir auf jenen Patienten zu sprechen kommen, um den es in diesem Buch gehen soll. Wo liegen die Parallelen zwischen dem Kranken am Teich Betesda und dem »evangelischen Patienten«, der protestantischen Kirche? Wir zögern etwas, diesen Punkt näher auszuführen. Schließlich wollen wir unser Nest nicht beschmutzen und fragen uns, wie wir der Kirche, die wir schätzen und lieben, hier einen Spiegel vorhalten können, ohne sie bloßzustellen und zu beschämen. So ganz vermeiden lässt sich das vermutlich nicht. Deshalb ist uns wichtig, dass wir uns selbst von diesem schmerzhaften Blick in den Spiegel nicht ausnehmen. Die Kirche, von der wir reden und die der Heilung bedarf, ist nicht »irgendwo da draußen« oder »irgendwer anders«, sondern das sind erst einmal wir selbst. Und in diesem Sinne bitten wir Sie auch, dieses Buch zu lesen.

Was also verbindet den Kranken am Teich Betesda mit dem »evangelischen Patienten«? Zunächst einmal sehen wir eine Parallele in der Beschreibung seiner Krankheit als »Kraftlosigkeit« (astheneia). In der Tat scheint Kraftlosigkeit ein Grundproblem unserer Evangelischen Kirche zu sein. Zwar ist sie immer noch ein starker Player in der Gesellschaft, wenn es beispielsweise um sozialdiakonische Fragen geht, um Mitsprache in Rundfunkräten und Ethikkommissionen, um das Engagement von über einer Million ehrenamtlich tätiger Menschen. Und doch ist die Kirche in Westeuropa heute in vielerlei Hinsicht erstaunlich kraft- und wirkungslos.

Äußerlich lässt sich diese Diagnose relativ einfach belegen: Jahr für Jahr treten etwa eine viertel Million Menschen aus der Evangelischen Kirche aus. Die Tendenz scheint derzeit eher zu steigen. Gleichzeitig nimmt der Gottesdienstbesuch ab. Die Finanzkraft schwindet, und wir haben in vielen kirchlichen Berufen ein Nachwuchsproblem. Lassen wir es bei diesen kurzen Hinweisen. Zumindest äußerlich gesehen ist es eindeutig, dass die Kirche schwächer wird und nicht stärker.

Innerlich sieht die Sache aber leider nicht besser aus. Im Gegenteil: Immer weniger Menschen können sich mit dem identifizieren, was wir als Kirche tun oder sagen. Das gilt nicht nur für die Menschen außerhalb der Kirche, sondern auch für unsere eigenen Mitglieder. Als »Indifferenz« bezeichnet die letzte (fünfte) Kirchenmitgliedschaftsuntersuchung diese Einstellung der mit Abstand größten Gruppe innerhalb der evangelischen Bevölkerung: Kaum jemand kennt mehr die Bibel oder lebt gar mit ihr – und zwar bis in unsere Kirchenvorstände hinein. Die meisten Evangelischen beten höchstens noch in Notzeiten. Und das »Allgemeine Priestertum«, demzufolge alle Getauften berufen sind, das Evangelium weiterzugeben, findet kaum irgendwo mehr statt. Auch diese Liste ließe sich problemlos erweitern.

Es ist mit Händen zu greifen, dass unsere Kirche ihre Kraft verloren hat. Das macht sie als »evangelischen Patienten« vergleichbar mit dem Kranken aus unserer Geschichte. Und die große Frage ist, wie wir aus dieser Situation herauskommen. Ganz offensichtlich kann dies nicht aus eigener Kraft geschehen – Kraftlosigkeit ist ja gerade das Krankheitsbild, um das es in unserer Geschichte geht. Zwar kommt auch diese Erzählung an einen Punkt, an dem der Kranke aufgefordert wird, etwas zu tun. Aber zuerst muss er sich auf einen (etwas unangenehmen) Dialog mit Jesus einlassen. Er muss seinem Zustand ins Auge schauen und zudem die bisherigen Rezepte, nach denen er versucht hat, gesund zu werden, loslassen und sich ganz und gar dem Wort Jesu anvertrauen.

Die unangenehme Frage

»Willst du gesund werden?« Eigentlich, möchte man meinen, ist diese Frage eine Unverschämtheit. Sowohl dem Kranken in unserer Geschichte gegenüber – als auch in Hinblick auf unsere eigene Kirche. »*Lieber Jesus*«, möchte man antworten, »*hast du dir mal überlegt, was wir in den letzten Jahren an Anstrengungen unternommen haben, deine Kirche zu retten und irgendwie am Laufen zu halten? Natürlich wollen wir gesund werden!*« Die Frage Jesu »Willst du gesund werden?« scheint hier nicht wirklich zielführend zu sein. Auch der Kranke beantwortet sie nicht direkt. Seine Antwort klingt teils empört, teils resigniert, teils ausweichend – und passt auch auf unsere Situation.

»*Herr, ich habe keinen Menschen, der mich zum belebenden Wasser trägt.*« Es fehlt einfach an einer Person, einem Reformator, einer Bischöfin, einer Kirchenleitung oder prophetischen Gestalt, die uns sagt, wo es langgeht, und die die Kirche so zielsicher führt wie einst Mose sein Volk durchs Schilfmeer und die Wüste. Oder wir sagen: »*Herr, natürlich wollen wir gesund werden. Und das tun wir ja auch: indem wir uns ›gesundschrumpfen‹. Was am Ende dieses Prozesses übrigbleiben wird, ist der ›ehrliche Kern‹ unserer Kirche. Du wirst sehen: Noch ein paar Jahre Rückgang, dann ist unsere Kirche kerngesund.*« Oder: »*Herr, siehst du nicht, wie sehr wir uns bemüht haben? Unsere Ideen sind am Ende und unsere Kraft ist erlahmt. Wir wollen uns künftig mit bescheidenen Zielen zufriedengeben. Hast du nicht selbst gesagt: ›Wo zwei oder drei in meinem Namen versammelt sind, da bin ich mitten unter ihnen‹?*«

Ich (Klaus) bin – nennen Sie es Zufall – seit achtunddreißig Jahren beruflich in der Kirche tätig. Also genau so lange, wie der Patient aus unserer Geschichte krank darniederlag. Was hat es in dieser Zeit nicht alles an Initiativen gegeben, die Kirche zukunftsfähig zu machen! Wie viele Gremien haben in dieser Zeit getagt, wie viele Gesetze wurden erlassen. Was wurde nicht alles auf den Prüfstand gestellt: Leitbilder, Personalschlüssel, Zuweisungssysteme, Verwaltungs- und Leitungsstrukturen, Gottesdienstformate, Gemeindezuschnitte und vieles mehr. Vor dem Jahr 2017 gab es eine ganze »Dekade der Reformation« mit abertausenden Veranstaltungen, Impulsen und Ideen. Wenn man der Kirche eines nicht vorwerfen kann, so scheint es, ist es ihr mangelnder Reformwille.

Und in der Tat haben wir es durch geschicktes Management und viele schmerzhafte Einschnitte geschafft, ein finanzielles Desaster zu verhindern. Doch viele Haupt- und Ehrenamtliche sind in dieser Zeit ausgebrannt. Sie können angesichts des ständig wachsenden Drucks einfach nicht mehr. Gleichzeitig konnten wir den äußeren Relevanzverlust der Kirche nicht stoppen. Im Gegenteil: Das allgemeine Desinteresse an dem, was wir sagen oder tun, steigt scheinbar immer weiter. Es ist wie ein Teufelskreis: Wir bemühen uns nach Kräften, von unserer Matte hochzukommen, doch führt das oft nur dazu, dass wir am Ende umso müder darauf zurücksinken.

»Mehr desselben«

Das Ganze erinnert ein wenig an Paul Watzlawicks Ausführungen zu Lösungen erster und zweiter Ordnung. In seinem Buch »*Anleitung zum Unglücklichsein*« erzählt er den alten Witz von dem Betrunkenen, der unter einer

Straßenlaterne verzweifelt nach seinem verlorenen Schlüssel sucht. Ein freundlicher Polizist kommt daher und hilft ihm. Als sie nichts finden, fragt der Polizist: »*Sind Sie sich ganz sicher, den Schlüssel hier verloren zu haben?*« Darauf antwortet der Betrunkene: »*Nein, nicht hier, sondern dort hinten. Aber da ist es viel zu dunkel zum Suchen.*« – Wenn Menschen ein Problem haben, neigen sie dazu, sich noch mehr anzustrengen – und zwar in die gleiche Richtung. Watzlawick nennt das »Lösungen erster Ordnung«. Eine »Lösung zweiter Ordnung« hingegen würde bedeuten, etwas völlig anderes zu tun, wenn etwas dauerhaft nicht funktioniert. Logisch, oder? Albert Einstein soll einmal gesagt haben, es sei geradezu die Definition von Irrsinn, immer wieder das Gleiche zu machen und dabei auf unterschiedliche Ergebnisse zu hoffen.

Leider aber neigen wir Menschen dazu, in Problemfällen lieber »mehr desselben« statt etwas völlig Neues zu machen. Dieses »Mehr desselben« hält nicht nur das ursprüngliche Problem instand, sondern verschlimmert es oft sogar, weil es das Problem zementiert und Ressourcen bindet, die für »Lösungen zweiter Ordnung« nicht mehr zur Verfügung stehen. Das heißt: Die vermeintliche Lösung (erster Ordnung) wird selbst zum Problem.

Vielleicht tun wir unserer Kirche Unrecht, aber wir glauben, das beschreibt viel von dem, was wir in den letzten Jahren erlebt haben. Wie oft haben wir erlebt, dass innovative Aufbrüche, die von unten kamen, einfach abgebügelt wurden: »*Das ist im geltenden Gesetz nicht vorgesehen.*« Aber auch umgekehrt: dass Kirchenleitende neue Wege einleiten wollten, die dann an der Kirchenbasis gestoppt wurden, weil man lieber so weiter machen wollte wie bisher. Die Leitfrage der meisten Reformen, die wir in den letzten Jahrzehnten beobachten konnten, lautet: »*Wie können wir das Bisherige unter der Maßgabe geringer werdender Finanzen in größtmöglichem Maße beibehalten?*« – eigentlich eine kluge Frage. Und doch: Wenn man unter der Laterne sucht ...

Ich habe in der Schule noch mit dem Rechenschieber gearbeitet. Damals kamen gerade die ersten Taschenrechner auf. Und was wurde da nicht alles an Argumenten aufgefahren: Das sei stillos, es sabotiere das »richtige« Rechnen. Und doch setzten sich die kleinen elektronischen Ketzerlein durch. Daraufhin kam der frühere Marktführer für Rechenschieber auf eine tolle Idee und verkaufte »Rechenschieber deluxe« in Mahagoniausstattung mit goldfarbener Prägung. Die machten echt etwas her. Trotzdem kaufte in unserer Klasse nicht ein Einziger so ein Mahagoni-Teil.

Könnte es sein, dass viele binnenkirchliche Wege zu solchen »Lösungen erster Ordnung« gehören? Dass sie die Frage stellen, wie wir trotz allgemein zurückgehenden Interesses und rückläufiger Mittel so viel wie möglich am Alten, Bisherigen festhalten können, statt die Türen zu öffnen für echte Innovationen und Weiterentwicklungen? Dass wir zwar jede Menge Reformen durchgeführt haben, uns aber an eine »neue Reformation« nicht herangetraut haben? Sie fragen, was der Unterschied ist? Ganz einfach: Eine Reform ist eine Verbesserung innerhalb eines bestehenden Systems. Eine Reformation hingegen ist ein Systemwechsel. Reformen wirken immer systemstabilisierend. Reformationen hingegen stellen das System als solches infrage.

Jesus sagt: »*Wer sein Leben erhalten will, der wird's verlieren; wer aber sein Leben verliert um meinetwillen, (nur) der wird's finden*« (Matthäus 16,25). Wir tun gut daran, dieses Wort nicht nur auf andere, sondern auch auf uns selbst und unsere kirchlichen Strukturen und Traditionen anzuwenden und unsere gängigen Wege einer grundlegenden Überprüfung zu unterziehen. Vor allem, wenn wir – wie heute weithin der Fall – an unsere Grenzen stoßen und nicht mehr weiterkommen. Ganz offensichtlich kann etwas, was früher einmal richtig war, heute richtig falsch sein. Die große Frage ist natürlich: Was kommt am Ende dieses Prozesses heraus? Sind wir, wenn wir nach einem grundlegenden Systemwechsel innerhalb unserer Kirche fragen, dann noch »evangelisch«? Wir finden: ja. Gerade dann. Denn die Reformation hat nicht allein im 16. Jahrhundert stattgefunden. Da hat sie vielleicht begonnen. Aber sie steht – wenn wir uns auf Luther berufen wollen – als bleibende Aufgabe vor uns.

Ecclesia semper reformanda

Die berühmte Formel, dass die Kirche ständig der Reformation bedarf, stammt zwar nicht von Luther, bringt aber sein Anliegen auf den Punkt: Kirche befindet sich ihrem Wesen nach in einem ständigen Wandlungsprozess. Zum einen muss sie Schritt halten mit den Menschen und Erfordernissen ihrer jeweiligen Zeit. Man kann nicht mit den Wegen des 20. Jahrhunderts die Herausforderungen des 21. meistern – und schon gar nicht mit denen des 16. Jahrhunderts. Die Kirche kann aber auch nie sagen, dass sie das Evangelium ganz und unverfälscht verstanden hat. Da gibt es auch nach 2000 Jahren immer noch Vieles abzustreifen, was nicht zum Wesen des Evangeliums gehört, ja, ihm sogar widerspricht. Darum gilt: Eine Kirche, die nicht die transformierende Botschaft der Bibel zu allererst an sich selbst richtet, hört auf, eine evangelische Kirche zu sein. Die Kirche der Reformation zeigt sich darin, dass sie sich ständig weiter reformiert.

Aber genau an dieser Stelle erleben wir eine Starrheit, die der spätere Hamburger Bischof Peter Krusche bereits vor über 50 Jahren als »morphologischen Fundamentalismus« (= ein ideologisches Festhalten an äußeren Formen) bezeichnet hat. Dieser sei für die evangelische Kirche fast noch gefährlicher als der Bibel-Fundamentalismus. So könne man heute über die Frage der Auferstehung durchaus frei und kritisch diskutieren. Aber wenn es um die Frage der gottesdienstlichen und gemeindlichen Strukturen oder der Schwerpunktbildung in der Aufgabenstellung des Pfarrberufes gehe, stoße man allenthalben auf erbitterte Gegenwehr. Dieses starre Festhalten an äußeren Formen und Strukturen verhindere letztlich die Sendung der Gemeinde, das Evangelium unter die Menschen zu bringen.

Die alten Rezepte vergessen

»Herr, ich habe keinen Menschen, der mich in den Teich bringt, wenn das Wasser sich bewegt; wenn ich aber hinkomme, so steigt ein anderer vor mir hinein.« Der Gelähmte hat klare Vorstellungen davon, wie seine Heilung erfolgen könnte. Doch Jesus geht auf diese Argumente überhaupt nicht ein. Es ist, als ob er dem Kranken sagen würde: »Vergiss die alten Rezepte.« Was wir brauchen, sind nicht »mehr derselben« alten Lösungen, sondern »Lösungen zweiter Ordnung«: Wege, die völlig neu sind – auch und gerade gegenüber unserer bisherigen Vorgehensweise.

Im Buch Jesaja heißt es: »*Gedenkt nicht an das Frühere und achtet nicht auf das Vorige! Denn siehe, ich will ein Neues schaffen, jetzt wächst es auf, erkennt ihr's denn nicht?*« (Jesaja 43,28f.). Es geht dabei nicht um einen Systemwechsel um des bloßen Wechsels willen. Die alten Wege können und sollen wir durchaus achten und würdigen. Sie haben lange Zeit geholfen, das angestrebte Ziel zu erreichen. Nur heute tun sie es offensichtlich nicht mehr. Und nur deswegen, weil sie es nicht mehr tun, wir aber weiterhin dem Auftrag Gottes treu bleiben wollen, schauen wir nach etwas Neuem aus.

Blicken wir zurück in das 16. Jahrhundert, dann können wir lernen, dass eine Reformation immer damit beginnt, dass sich die Kirche auf ihren ursprünglichen Auftrag bzw. ihre ursprüngliche Sendung besinnt. Wenn das geschehen ist, müssen in einem zweiten, dritten und vierten Schritt alle gängigen Wege daraufhin überprüft werden, ob sie noch zu diesem Ziel führen, ob sie noch hilfreich sind, der ursprünglichen Mission nachzukommen.

So geht es beispielsweise um die Frage, ob unsere Gottesdienste wirklich noch in der Lage sind, in die Herzen der Menschen zu sprechen bzw. ihnen die Möglichkeit zu geben, Gott in der Sprache ihrer Herzen zu antworten. Früher haben sie das zweifellos getan. Heute stimmt das aber nur noch für ganz wenige Menschen. Da hilft kein »Mahagoni-Rechenschieber«, wir brauchen völlig neue Formen von Gottesdiensten. Nicht nur ab und an als Ausnahme, sondern als Regelangebot.

Es geht auch um die Frage, ob wir es uns wirklich leisten können, Gemeindegrößen von mehreren Tausend Menschen aufrechtzuerhalten. Die Menschen treten unter anderem doch deshalb in Scharen aus, weil sie keinen persönlichen Bezug mehr zu ihrer Gemeinde haben.

Die »Lösung«, Gemeinden zusammenzulegen und noch größere, von den Menschen immer weiter entfernte Verwaltungskonstrukte zu schaffen, beseitigt dieses Problem nicht, sondern verschärft es. Wir bräuchten eigentlich nicht größere, sondern deutlich kleinere Gemeinden vor Ort. Persönlicher und näher. Und da kommt sofort das Argument: »Wir haben doch gar nicht genug Pfarrerinnen und Pfarrer für so etwas.« – Das ist völlig richtig. Aber wer sagt eigentlich, dass einer Gemeinde unbedingt jemand Hauptamtliches vorstehen muss? Klar kennen wir es hierzulande nicht anders, aber in der weltweiten Ökumene ist das weithin die Ausnahme.

Nimm deine Matte und geh!

Dieser Satz ist die zentrale Botschaft unseres Textes. Nicht weniger als fünfmal wird der Befehl zitiert (V. 8, 11 und 12) bzw. variiert (V. 9 und 10), weil der Kranke befähigt werden muss, selbst zu handeln. So sehr ich davon überzeugt bin, dass Jesus unsere Schwachheit segnet, so sehr bezweifle ich, dass Jesus seine Kirche schwach sehen möchte. Niemand, der einen anderen Menschen liebt, möchte ihn schwach sehen. Vielmehr möchte er, dass dieser Mensch gesund ist und vital und dass er vor Lebenskraft und Lebensfreude strotzt. Gott sei Dank ist Jesu Kraft auch und gerade in den Schwachen mächtig. Trotzdem, ja gerade deswegen spricht er dem Gelähmten Mut und Kraft zu: *»Steh auf, nimm deine Matte und geh!«*:

- »Nimm deine Matte, denn du *kannst* das. Im vertrauenden Blick auf Jesus und im Gehorsam gegenüber seinem Wort. Du kannst das, denn meine (Jesu) Kraft ist in den

Schwachen mächtig. Du kannst das, wenn du dein Vertrauen nicht auf dich selbst und deine Tradition, sondern allein auf Gott und sein Wort setzt.«

- Sodann: Nimm deine Matte, denn du *sollst* das. So wie Jesus den Profifischern Petrus, Jakobus und Johannes nach einer Nacht, in der sie keinen einzigen Fisch gefangen haben, den Befehl gibt, ihr Netz noch einmal ganz anders auszuwerfen – gegen alle Regeln der Kunst (Lukas 5,4-7), so beauftragt er nach endlosen Reformversuchen auch uns, ernst zu machen mit der Tatsache, dass wir Kirche der Reformation sind und dass Reformation – nicht Reform – eine bleibende Aufgabe unserer Kirche ist.

- Und schließlich: Nimm deine Matte, denn du *darfst* das. In unserer Geschichte entzündet sich an diesem Auftrag der gesamte Widerspruch der Gegner Jesu. Und sie führen dabei nicht nur die heilige Tradition ins Feld, sondern auch den vermeintlichen Willen Gottes selbst. Jesus aber sagt: »*Du darfst das*«: Du darfst das, was die anderen und vielleicht auch du selbst bisher für das Wort Gottes und für heilige Tradition gehalten haben, einmal gegen den Strich bürsten. Es neu abwägen und neu gewichten – nicht im Geist der Aufsässigkeit, sondern im Geist des Vertrauens dem Wort Jesu gegenüber. Nicht, weil es darum geht, um jeden Preis revolutionär zu sein, sondern weil uns unsere Kirche am Herzen liegt und wir nichts sehnlicher wollen, als dass sie vor Lebenskraft und Lebensfreude strotzt.

Und er lehrte in einer Synagoge am Sabbat. Und siehe, eine Frau war da, die hatte seit achtzehn Jahren einen Geist, der sie krank machte; und sie war verkrümmt und konnte sich nicht mehr aufrichten. Als aber Jesus sie sah, rief er sie zu sich und sprach: »*Frau, du bist erlöst von deiner Krankheit!*« *Und er legte die Hände auf sie; und sogleich richtete sie sich auf und pries Gott. Da antwortete der Vorsteher der Synagoge, denn er war unwillig, dass Jesus am Sabbat heilte, und sprach zu dem Volk:* »*Es sind sechs Tage, an denen man arbeiten soll; an denen kommt und lasst euch heilen, aber nicht am Sabbattag.*« *Da antwortete ihm der Herr und sprach:* »*Ihr Heuchler! Bindet nicht jeder von euch am Sabbat seinen Ochsen oder Esel von der Krippe los und führt ihn zur Tränke? Musste dann nicht diese, die doch Abrahams Tochter ist, am Sabbat von dieser Fessel gelöst werden?*« *Und als er das sagte, schämten sich alle, die gegen ihn waren. Und alles Volk freute sich über alle herrlichen Taten, die durch ihn geschahen.*

2. Wie man ungeahnte Perspektiven gewinnt
Die verkrümmte Frau – Lukas 13,10-17

Was für eine Geschichte! Eine Frau läuft 18 Jahre lang verkrümmt durch die Welt. 18 Jahre ... das galt damals als Dauer einer ganzen Generation. 18 Jahre lang lebt die Kranke nicht »aufrecht«, 18 Jahre lang schaut sie nicht nach vorne, sondern auf ihre Füße, nicht nur nach unten, sondern vor allem nach »innen«, auf sich selbst. Ja, diese Frau sieht – im wahrsten Sinne des Wortes – nur noch sich selbst. Das bedeutet zugleich: Dadurch wirkt sie für andere viel kleiner, als sie in Wirklichkeit ist. Und auch ihre Wahrnehmung der Welt ist begrenzter, als sie sein müsste.

Wenn das kein Bild für eine Institution ist, der Kritiker seit langem vorwerfen, sie kümmere sich vor allem darum, ihren eigenen Betrieb am Laufen zu halten. Der Zeit-Redakteur Tilmann Prüfer jedenfalls erklärt sehr direkt: »*Die evangelische Kirche ist zu sehr mit sich selbst beschäftigt.*« Nach innen schauen, die Weite der Möglichkeiten nicht mehr wahrnehmen, sich um sich selbst drehen, mit eingeschränktem Horizont leben: Für all diese Phänomene steht die verkrümmte, Frau, die vor 2000 Jahren in einer Synagoge auf Jesus trifft.

Übrigens hat diese Heilungsgeschichte schon damals das »Wieder-Aufrichten« einer ganzen Institution im Blick: Die Entwicklung der Handlung macht nämlich deutlich, dass es hier auch um ein verkrümmtes Selbstbild von Gemeinde geht. Dies wird durch den Synagogenvorsteher (dem örtlichen Vertreter der Institution) symbolisiert, der die Anwesenden nach dem Wunder heftig anschnauzt, wie sie es denn wagen könnten, gegen die Traditionen des religiösen Betriebs (die bestimmte Heilungen am Sabbat verbieten) zu verstoßen. So endet das Ganze in einer Diskussion darüber, dass eine Glaubensgemeinschaft sehr wohl die Konzentration auf das Wesentliche verlieren kann, wenn sie nur noch ihre internen Abläufe sieht – eben, weil sie in sich »verkrümmt« ist.

Es ist dabei wichtig, dass wir den Synagogenvorsteher als Vertreter einer festgefahrenen Institution sehen und nicht als allgemeinen Repräsentanten des Judentums. Jesus hat regelmäßig betont, dass er sich als Gesandter für das Volk Gottes versteht. Das heißt: Er denkt und handelt niemals antijudaistisch, sondern bekämpft grundsätzliche menschliche Fehlentwicklungen, die Gottes Heilshandeln im Wege stehen. Genau deshalb werden (wie wir in späteren Kapiteln sehen werden) oftmals auch die Jünger als negatives Beispiel angeführt: Sie sind es, die Kindern, Notleidenden und Fremden den Zugang zu Jesus durch ihr Verhalten erschweren. Man könnte sogar sagen, dass es in Heilungsgeschichten erstaunlich oft um das Aufeinandertreffen zweier Prinzipien geht: das lebendige Wort Gottes gegen die vielen menschlichen Verkrustungen.

Insofern haben die beiden Teile dieser Erzählung aus dem Lukasevangelium das gleiche Thema: Was muss passieren, damit etwas »Verkrümmtes« (die Frau und die Institution) wieder »gerade« wird, damit »Innen-Orientiertes« wieder »außen-orientiert« wird, damit etwas »Mit-sich-selbst-Beschäftigtes« wieder »über den Tellerrand« blicken und die Weite des Glaubens wahrnehmen kann? Damit sozusagen ein »umgekehrter Hexenschuss« stattfindet? – Schauen wir uns das mal an.

Das Geheimnis der Verkrümmung

Wissenschaftler überlegen seit langem, ob die verkrümmte Frau wohl eher Skoliose, Osteoporose oder eine Psychoneurose hatte. Antwort: Das ist für die Geschichte irrelevant. Das Neue Testament nennt als Ursache ihres Leidens wörtlich: »*Sie hatte einen Geist der Schwachheit!*« Eine prägnante Formulierung, die (ähnlich wie im oben behandelten Wunder) deutlich macht, dass hier Ursache und Wirkung fast austauschbar sind: Ist die Frau verkrümmt, weil sie schwach ist ... oder ist sie schwach, weil sie verkrümmt ist?

In unserem Fall: Ist die Evangelische Kirche schwach, weil sie nur mit sich selbst beschäftigt ist … oder beschäftigt sie sich nur mit sich selbst, weil sie schwach ist? Egal! Die entscheidende Botschaft lautet: »Um-sich-selbst-Kreisen« ist ein Zeichen von Schwachheit. Die Frau zumindest ist so schwach, dass es von ihr heißt: »*Sie konnte sich selbst nicht mehr aufrichten!*«

Traurigerweise ist die Frau so sehr in sich verkrümmt, dass sie von sich aus gar keinen Versuch wagt, mit Jesus in Kontakt zu kommen. Viele Heilungsgeschichten im Neuen Testament erzählen davon, wie Menschen sehnsuchtsvoll auf Jesus zustürmen, weil sie sich von ihm Hilfe erhoffen. Doch diese Frau ist derart auf sich fixiert, dass sie die Quelle ihrer Rettung zwar wahrnimmt, aber nicht als solche identifiziert. Mit anderen Worten: Die Frau hört das Evangelium, erwartet aber anscheinend nicht, dass diese Botschaft für sie Konsequenzen haben könnte.

Die skurrile Szenerie erinnert uns an ein Seminar über »Gottesdienste«, in dem wir die Teilnehmenden zu Beginn neugierig gefragt haben: »*Wer von Ihnen erwartet eigentlich noch, dass Gott im Gottesdienst spürbar und erfahrbar wirkt?*« Von den etwa 40 Anwesenden meldeten sich … zwei! Die anderen Frauen und Männer des Seminars erklärten anschließend zwar auch, dass es grundsätzlich zu ihren Hoffnungen gehöre, dass Gott im Gottesdienst gegenwärtig sei. Dass er aber konkret Leben verändern könnte – in diesem sonntäglichen Geschehen –, das war für die meisten ein eher ungewohnter Gedanke. Und so haben wir anschließend lange und intensiv darüber diskutiert, was es wohl ändern würde, wenn alle Anwesenden eines Gottesdienstes in Zukunft mit der Gewissheit in der Kirche säßen: Hier und jetzt kann und will etwas Himmlisches geschehen!

Eine herausfordernde Vorstellung, die sich übrigens sofort auf unsere Fragestellung übertragen lässt: »*Erwarte ich eigentlich noch, dass Gott mich heilen kann?*« Erwarten wir als Kirche noch, dass Gott uns heilen kann? Eine wichtige Klarstellung für alle Glaubenden ... und ein nötiger Selbsttest: »*Was erwarte ich von Gott?*« ... »*Was traue ich ihm überhaupt noch zu?*« Aber schauen wir uns erst noch einmal das Geschehen in der Synagoge an. Denn es lohnt sich, jetzt ganz genau hinzugucken: »*Als Jesus die verkrümmte Frau sah, rief er sie zu sich und sprach zu ihr: ,Frau, du bist erlöst von deiner Krankheit!'*« Punkt. Jesus spricht ein wirkmächtiges Wort, er sagt der Verkrümmten mit all seiner Vollmacht Erlösung zu ... und ... nichts passiert. Oh! Verrückt, oder? Dieser kranken Frau wird vom Sohn Gottes Heilung für ihr Leiden verheißen, aber das reicht offensichtlich nicht. So, wie es anscheinend auch nicht reicht, dass jeden Sonntag in Deutschland von Tausenden von Kanzeln den Menschen die Botschaft von der Liebe Gottes verkündet wird. Das »Wort allein« scheint selbst bei Jesus nicht genug zu sein. Zumindest nicht bei einer verkrümmten Persönlichkeit, die nicht mehr damit rechnet, dass sie Heilung erfahren kann. Deren Erwartung so gering ist, dass sie inzwischen eine Art Schutzschild um sich aufgebaut hat. Es braucht mehr. Und genau das passiert jetzt auch.

Die Kunst, den anderen zu »berühren«

»*Und er legte die Hände auf sie; und sogleich richtete sie sich auf und pries Gott.*« Darum geht es: Das Geheimnis dieser Heilung ist die Berührung. In dem Augenblick, in dem Jesus die Frau mit seinen Händen berührt, geschieht das Wunder. Das heißt nicht, dass man sich in allen Gottesdiensten von nun an ständig anfassen soll (wobei es nicht schaden könnte, Menschen öfter segnend die Hände aufzulegen). Vielmehr lenkt es den Blick auf die Frage: *» Wie können wir sicherstellen, dass das, was wir in der Evangelischen Kirche anbieten, die Menschen berührt?«* Und: Wann tut es das – und wann nicht?

Weil wir später sowohl bei der Heilung der blutflüssigen Frau, als auch bei der Heilung des Aussätzigen auf den Aspekt der Berührung noch näher eingehen, hier nur einige kurze Anmerkungen: Selbstverständlich können auch Worte allein berühren, aber wir finden nach wie vor auf vielen unserer Kanzeln vor allem (zweifellos kluge) Erläuterungen, akademisch prägnante Ergüsse oder herzige Veranschaulichungen. Diese sind jedoch selten von der Frage geleitet: *» Was in diesem Predigttext und was in meiner Auslegung hat die Kraft, Menschen zu berühren und zu verändern?«* Oder um im Bild der Heilung zu bleiben: *» Wie können wir den Menschen im Gottesdienst mit Worten, Gesten oder Symbolhandlungen ›die Hände auflegen‹ – und zwar so, dass sie davon ›angerührt‹ werden?«* Und: Haben wir den Mut, uns einzugestehen, dass wir in unseren Veranstaltungen viel seltener Menschen berühren, als es der Fall sein sollte?

Immerhin, ein Pfarrkollege erklärte vor einigen Jahren erschreckend ehrlich: *» In meinen Gottesdienst würde ich auch nicht gehen.«* Und die Nachfrage ergab, dass der Kollege das, was er jeden Sonntag laut Kirchenordnung zelebrieren sollte, weder für sich noch für die Gemeinde als »berührend« empfand. Eine der Herausforderungen (nicht nur für die Predigt, sondern für das Gottesdienstgeschehen an sich) wird deshalb ein neues Bewusstsein dafür sein, wie unser Tun Menschen existentiell erreicht.

Es geht nicht um Informationsvermittlung, sondern um Relevanz – und um Transformation: Ist das, was wir miteinander feiern, für die Frauen und Männer, die da gekommen sind, von existentieller Bedeutung? Hat es die Kraft, etwas in ihnen zu bewegen?

Das gilt übrigens auch für unsere Geschichte von der verkrümmten Frau: Es ist relativ uninteressant, ob und wie Jesus vor 2000 Jahren einer Kranken geholfen hat, wieder aufrecht zu gehen, wenn ich als Leserin oder Leser nicht glaube und erwarte: *»So ein wundervolles Aufrichten, das kann auch mir widerfahren.«*

Eines zumindest ist den meisten bewusst: Berührend wird ein Gottesdienst vor allem dann, wenn ich als Besucherin oder Besucher nicht nur Konsumentin oder Konsument, sondern Teilhaberin oder Teilhaber bin. Wenn es einen Unterschied macht, ob ich da bin oder nicht. »Interaktivität« heißt hierbei das Zauberwort. Natürlich kann es auch in liturgischen Formen und in gemeinsamem Gesang zu berührenden Erlebnissen kommen, trotzdem lohnt es sich immer, über weitergehende partizipative Elemente nachzudenken. Die Frage ist also: Wie wird aus der kommunikativen Einbahnstraße vom Altarraum in die Gemeinde ein Dialog, in dem die Gäste sich als prägenden Teil des Gottesdienstes erleben?

Übrigens passiert das auch in unserer Heilungsgeschichte: Indem Jesus die Frau zu sich ruft, sie anspricht und ihr die Hände auflegt, holt er sie aus ihrer passiven Rolle heraus und ruft sie in eine aktive Rolle. Während sie vorher nur erwartungslose Predigthörerin war, ist sie jetzt hoffnungsvoll in das Geschehen eingebunden – schon deshalb, weil sie dem Ruf Jesu folgt und zu ihm läuft.

Darum ist es ganz logisch, dass sie nach ihrer Heilung begeistert anfängt, Gott zu loben. Aus der passiven, in sich gekrümmten Kranken, die erst aus ihrem Schnecken-haus herausgerufen werden musste, ist eine aktive, selbst-bewusste Person geworden, die sich nicht mehr darum schert, was die Leute um sie herum über sie denken. Sie fängt einfach an zu jubeln. Mitten in der Synagoge. Im Gottesdienst. Als Frau. Und ihr ist völlig egal, ob sich das so gehört oder nicht oder ob eigentlich Jesus als Prediger gerade das Wort hat; sie kann gar nicht anders, als ihrer Freude Ausdruck zu verleihen.

Jetzt mal unter uns: Wie wäre das, wenn in unseren Gottesdiensten öfter mal Menschen aufstehen und jubeln würden, weil sie das Wirken Gottes am eigenen Leib er-fahren haben? Weil sie berührt wurden? Wir wissen: Das klingt ziemlich »charismatisch«. Und wir tun uns auch schwer, wenn Menschen den Frohsinn zum Dauer-Ritual machen. Aber die »Heilung der gekrümmten Frau« zeigt: Wenn Menschen von Gott berührt werden, dann fangen sie an zu jubeln. Und das sollte in einem Gottesdienst selbstverständlich sein. Da hilft es nichts, stattdessen Lob-lieder zu singen, deren Botschaft die Gesichter, Herzen und Hände der gottesdienstlichen Gemeinde offensicht-lich nicht erreicht.

Wir besuchten vor einigen Jahren mit einer kleinen af-rikanischen Delegation einen evangelischen Gottesdienst in Deutschland. Die Gruppe verstand kein einziges Wort Deutsch ... und war deshalb vollständig darauf angewie-sen, die Körpersprache sowohl des Pastors als auch der beteiligten Gemeindeglieder zu lesen. Ihre erschütternde Rückmeldung danach war: »*Wenn wir es nicht gewusst hätten, wären wir nie darauf gekommen, dass es sich bei diesem Geschehen um einen Gottesdienst handelt. Wir haben weder Freude noch Liebe noch Leidenschaft gespürt.*«

Zur Selbsterkenntnis der Evangelischen Kirche gehört vielleicht tatsächlich auch das Eingeständnis, dass bei uns erstaunlich wenig gejubelt wird. Was möglicherweise daran liegt, dass unsere Gottesdienste oft wenig Grund dazu liefern. Diesen Umstand sollten wir schleunigst ändern.

Der evangelische Patient

Nun steht da eine beseelte Frau und freut sich aus ganzem Herzen, dass sie wieder aufrecht gehen kann. Halleluja! Und was passiert: Der Synagogenvorsteher fängt an sich zu beschweren. So wie in unseren Gemeinden vermutlich auch einige Leute verstört gucken würden, wenn jemand neben ihnen einen Freudentanz aufführen würde.

Symbolisch gesprochen geschieht hier folgendes: Die geheilte Frau richtet ihren Blick weg von sich selbst (worauf er wegen ihrer Verkrümmung 18 Jahre lang gerichtet war) hin zu Gott – und der Vertreter der Institution holt sie zurück in die Niederungen des religiösen Betriebs. Was sich vor allem darin zeigt, dass er erstaunlicherweise weder Jesus noch die Frau angreift, sondern die gesamte Gemeinde, die er mit harschen Worten daran erinnert, was sich gehört und was nicht: *»Da antwortete der Vorsteher der Synagoge, denn er war unwillig, dass Jesus am Sabbat heilte, und sprach zu dem Volk: ›Es sind sechs Tage, an denen man arbeiten soll; an denen kommt und lasst euch heilen, aber nicht am Sabbattag.‹«*

Anstatt das Wunder zu würdigen, sich mit der Frau zu freuen und sich zu fragen, ob es ihm eventuell selbst guttun könnte, den Blick frohgemut nach vorne zu richten, fängt er an, Gebote und Kirchenordnungen zu zitieren.

Und diese Haltung finden wir in unseren Gemeinden öfter, als uns lieb sein darf. Sie glauben, das wäre übertrieben? Ist es nicht! Wir haben von einer Kollegin gehört, die durch ihr Zweites Theologisches Examen gefallen ist, allein weil sie sich falsch herum zum Altar gedreht hat. Wirklich! Insider wissen: In fast allen protestantischen Kirchen Deutschlands darf sich der Liturg nur über die Herzseite zum Herrn wenden, also linksherum. Sich rechtsrum zum Altar drehen gilt als grober Fehler. Die Frage bei dieser Kandidatin war also nicht, ob sie eine grandiose, bewegende Predigt gehalten hat, sondern, ob sie ein äußeres, von kaum jemanden verstandenes und zudem unbiblisches Ritual ausführen konnte oder nicht. Als hätte sich Jesus jemals dafür interessiert, in welche Richtung sich ein Mensch zum Altar dreht.

Das mag ein extremes (und auch schon etwas älteres) Beispiel für institutionelle Verkrümmung sein, aber wenn es darum geht, bandscheibenzerstörende (Folter-) Bänke in Kirchen gegen bequeme Stühle auszutauschen, den Gottesdienst familienfreundlich von 9.00 Uhr auf 11.00 Uhr zu verlegen, ein nach dem Jahr 2000 komponiertes Lied zu singen oder an der Liturgie von 1853 erste Aktualisierungen durchzuführen, dann erleben wir oft sehr eindrücklich, wie sich eine an die Tradition gefesselte Kirche selbst lähmen kann. Wie der Blick nach innen den Blick nach außen verhindert.

Wir reden zwar vom Aufrecht-Gehen, schauen uns aber ständig auf die Füße, beziehungsweise auf die Fußstapfen, die hinter uns liegen, anstatt den Weg zu betrachten, der vor uns liegt. Vermutlich hat Jesus deshalb den berühmten Satz vom Pflügen in die Welt gesetzt: *»Wer die Hand an den Pflug legt und zurückschaut, der ist nicht geschickt für das Reich Gottes.«* Denn es gilt:

Wer eine gerade Furche im Acker ziehen will, der muss dort hingucken, wo er hinwill. Wer dagegen nach hinten oder unten schaut, der fängt an, Schlangenlinien zu laufen. Sprich: Wer das Reich Gottes bauen will, der darf sich nicht von dem beherrschen lassen, was vergangen ist.

Das klingt jetzt womöglich harsch, aber letztlich passiert in der Evangelischen Kirche heute an vielen Stellen das, was auch Jesus damals mit diesem Vorsteher erleben musste: Tradition ist vielerorts wichtiger als »Heilung«. Und da, wo Ansätze für heilende Prozesse erkennbar sind, werden Menschen aufgrund der kirchlichen Strukturen kritisiert oder ausgebremst. Noch einmal: Die Perspektive des hier für alle reaktionären Kräfte stehenden Synagogenvorstehers ist so eng, dass er im Grunde verkündet: »*Gott darf nicht wirken, wenn er sich nicht an die vorgeschriebenen Traditionen hält.*« Womit wir am Knackpunkt dieses von einer Heilung ausgelösten Konflikts wären: Die Institution ist wichtiger geworden als das Evangelium.

Schluss mit der Frevelei!

Jesus, der ja sonst in der Regel meist charmant und liebevoll agiert, ist darüber so entsetzt, dass er sein Gegenüber beschimpft: »*Heuchler!*« oder anders übersetzt: »*Frevler*« – was es ganz gut trifft, weil jemand, der im Namen Gottes gegen Gott agiert, natürlich ein Frevler ist. Aber auch der »Heuchler«-Vorwurf passt, weil Jesus anschließend erklärt: »*Bindet nicht jeder von euch am Sabbat seinen Ochsen oder Esel von der Krippe los und führt ihn zur Tränke?*« Womit er deutlich macht:

Eventuell könnte man tatsächlich darüber nachdenken, wann welche Gebote gelten sollen – dieses Recht darf sich aber niemand herausnehmen, der solche Gebote ohnehin missachtet, wenn es um seine eigenen Belange geht. Jesus kritisiert die Institution also in doppelter Weise: Es ist eine Schande, wenn Rituale über die Liebe gestellt werden; völlig zum Hohn wird das Ganze jedoch, wenn sich zeigt, wie sehr es hinter all diesen Regelungen menschelt und man sich zwar auf das Prinzip beruft, sich aber selbst keineswegs daran hält. Insofern ist auch die Verkrümmung eine doppelte: Die Institution nimmt sich wichtiger als Gott. Und sie betrügt sich und andere, weil sie im Bedarfsfall die Gesetze und die Tradition doch immer so auslegt, wie es ihr gefällt: »Die Liturgie ist wichtig, weil …«, »Der Gottesdienst muss immer um 10 Uhr sein, weil …«, »Dass man sich ausschließlich linksrum zum Altar drehen darf, sollte man beibehalten, weil …« Um diese Zerrissenheit zu überwinden, muss die Kirche die Kraft entwickeln, sich ihre Verbohrtheit auch einzugestehen.

»Musste nicht diese Frau, die doch Abrahams Tochter ist, die schon achtzehn Jahre gebunden war, am Sabbat von dieser Fessel gelöst werden?« Jesus konfrontiert die Institution mit der Not der Frau, um zum Ausdruck zu bringen: Gibt es für die Kirche überhaupt eine Alternative, als alles dafür zu tun, dass Heilung möglich wird? Ganz gleich, welches sakrosankte Kirchengesetz oder welche Tradition dagegensteht? Nun, zumindest unsere Geschichte endet gut: *»Als er (Jesus) das sagte, schämten sich alle, die gegen ihn waren. Und alles Volk freute sich über alle herrlichen Taten, die durch ihn geschahen.«*

Wie das Reich Gottes wirkt

Wie ein guter Filmregisseur hat uns der Erzähler im Lukasevangelium erst Jesus und die verkrümmte Frau gezeigt, die beiden anschließend für das Wunder zusammengebracht und uns dann die Geheilte als Jubelnde präsentiert, bevor er das Ganze (in Form eines Stimmungsumschwungs) eskalieren lässt. Der garstige Gegenspieler taucht auf, wird aber zum Glück überwunden – und am Schluss sind alle fröhlich. Happy End!

Wesentlich für unsere Perspektive sind dabei einige zentrale Faktoren:

- Ein sich verkrümmtes System kann sich nicht selbst heilen, weil es dadurch definiert ist, dass es nur nach innen schaut. Wie in dieser Heilungsgeschichte braucht das verkrümmte System Hilfe von außen. Um es fromm zu sagen: Es muss sich von Jesus neu rufen lassen. Es muss erkennen, an welchen Stellen die Institution die Schönheit des Glaubens nicht verkündet, sondern ihr im Weg steht. Und dann den Mut haben, die Hand an den Pflug zu legen, ohne zurückzuschauen.

- Dem jesuanischen Ruf muss das verkrümmte System auch folgen. Heilung und Veränderung geschehen nur aktiv, niemals passiv. So wie die verkrümmte Frau sich zum Mitwirken einladen lässt, kann ein Heilungsprozess nur gelingen, wenn der Kranke daran beteiligt ist. Das gilt auch für längerfristige Entwicklungen. Jesus erzählt im Anschluss an dieses Heilungswunder die Gleichnisse vom Senfkorn und vom Sauerteig, um den Zuhörenden deutlich zu machen: Das Reich Gottes will sich Schritt für Schritt ausbreiten, also tu das Deine dazu.

- Aufrichten muss man sich immer wieder. Darum sollte sich jede Institution, aber auch jedes Individuum regelmäßig fragen: »Stehe ich eigentlich zurzeit auf der Seite der Tradition oder der Heilung?« Geht es mir darum, liebgewordene Gewohnheiten zu bewahren, oder darum, in einer sich verändernden Gesellschaft die ständig neu zu kalibrierende Relevanz des Glaubens den jeweiligen Kommunikationsformen so anzupassen, dass Menschen davon »berührt« und »aufgerichtet« werden? Dass sie Mut bekommen, auch ihre individuelle Verkrümmung zu überwinden?

Was das konkret für das Verständnis der Gemeindearbeit bedeuten kann, habe ich (Fabian) vor einigen Jahren bei einer Studienreise in Australien erlebt. Dort im Outback habe ich eine junge Pfarrerin kennengelernt und sie gefragt: *»Kriegt ihr hier auf der anderen Seite der Erde eigentlich irgendwas von der deutschen Kirche mit?«* Daraufhin hat sie grinsend geantwortet: *»Mehr, als euch lieb ist.«* Oh! *»Was meinst du denn damit?«*, habe ich sie gefragt, und sie hat erwidert: *»Wir in Australien haben oft das Gefühl, dass ihr in Europa zu viel in ›Zäunen‹ denkt. Ja, man hat den Eindruck, bei vielen Verantwortlichen läuft durch den Kopf ein Zaun, der die Welt in zwei Gruppen teilt; diejenigen, die drin sind, und diejenigen, die draußen sind. Maßstab für alles ist die Institution. Der Blick nach innen. Deshalb definiert ihr die kirchliche Welt auch so gerne nach ›Drinnen‹ und ›Draußen‹, ›Dazugehören‹ oder ›Nicht-Dazugehören‹: Es gibt die Getauften und die Ungetauften. Die Kirchenmitglieder und die Ausgetretenen. Die Gottesdienstbesucher und die Karteileichen. Die Mitarbeitenden und die Nicht-Mitarbeitenden. Die Kerngemeinde und die Außenstehenden. Sprich: Glauben wird über die Zugehörigkeit zur Institution und das Engagement in der Institution definiert. Und für eine*

›erfolgreiche‹ Gemeindearbeit gilt meist: › Wir versuchen, so viele wie möglich von denen, die draußen sind, nach drinnen zu holen.‹ Das meine ich mit Zaun-Denken. Und mit Innen-Orientierung.« Dann hat sie mich angelächelt: » Weißt du, bei uns im Outback gibt es Farmen, die sind so groß wie bei euch ganze Bundesländer. So lange Zäune kannst du gar nicht kaufen. Das bedeutet: Wenn du bei uns eine Herde zusammenhalten willst, dann baust du keinen Zaun – dann legst du eine Wasserstelle an. Und wenn die Tiere merken, dass dort ihr Durst gestillt wird, dann kommen sie von alleine immer wieder. So sollten auch unsere Gemeinden sein! Wie Wasserstellen.«

Dieses Gleichnis hat mein Bild von Kirche radikal auf den Kopf gestellt: Wie können wir so Gemeinde bauen, dass dort der Lebensdurst von Menschen gestillt wird? Dass sie heil werden? Dass sie spürbar verändert werden? Denn natürlich lässt sich die Vorstellung mit der Wasserstelle auch auf das Gemeindeleben übertragen. Sie ist sogar biblisch. Jesus sagt ja: » Ich bin das lebendige Wasser, wer von mir trinkt, der wird nie mehr Durst haben.« Wo Gott wirkt, da wird der Lebensdurst gestillt.

Wie wäre es, wenn wir alle Angebote unserer Gemeinden mal daraufhin überprüfen würden, ob sie wirklich den Lebensdurst von Menschen stillen? Oder ob sie das möglicherweise nicht (mehr) tun? Ob sie von einem » Kommt nach innen«-Denken oder von einer » Wir sind für euch da«-Vision geprägt sind? Das könnte spannend werden. Es wäre der längst überfällige Perspektivenwechsel von einer in sich verkrümmten Kirche hin zu dem, der die Quelle ist.

Und als er wieder fortging aus dem Gebiet von Tyrus,
kam er durch Sidon an das Galiläische Meer, mitten in das
Gebiet der Zehn Städte. Und sie brachten zu ihm einen,
der taub war und stammelte, und baten ihn, dass er ihm
die Hand auflege. Und er nahm ihn aus der Menge beiseite
und legte ihm die Finger in die Ohren und spuckte aus
und berührte seine Zunge und sah auf zum Himmel und
seufzte und sprach zu ihm: »*Hefata!*«, *das heißt:* »*Tu dich*
auf!« *Und sogleich taten sich seine Ohren auf, und die*
Fessel seiner Zunge wurde gelöst, und er redete richtig.
Und er gebot ihnen, sie sollten's niemandem sagen. Je
mehr er's ihnen aber verbot, desto mehr breiteten sie
es aus. Und sie wunderten sich über die Maßen und
sprachen: Er hat alles wohl gemacht; die Tauben macht
er hören und die Sprachlosen reden.

3. Die Kunst, neu hinzuhören
Die Heilung eines Taubstummen – Markus 7,31-37

Die Geschichte von der Heilung des Taubstummen gehört zum Sondergut des Evangelisten Markus. Dieser
schrieb in besonderer Weise für Nichtjuden. Kein Wunder, dass er an dieser Episode besonders interessiert ist,
denn sie spielt im heidnischen Umland Palästinas, im
sogenannten »Gebiet der Zehn Städte«. Auf Griechisch
heißt diese Gegend »Dekapolis« und war eine Ansamm-
lung von ursprünglich zehn alten griechischen Kolonien
östlich des Sees Genezareth.
Kurz zuvor war Jesus mit den jüdischen Autoritäten
mächtig aneinander gerasselt. Und irgendwie war es für
ihn nicht weitergegangen in Galiläa, jedenfalls im Moment nicht. Jesus und in seiner Nachfolge später auch

die Apostel bringen das Evangelium deshalb dorthin, wo man offen dafür ist. Dorthin, wo Hoffnung besteht, dass Menschen sich dem Evangelium gegenüber offener zeigen, selbst wenn diese Heiden oder Sünder wären. Dort, wo sich Menschen dem Evangelium gegenüber verschließen, gehen die Verkündigenden einfach weiter. Jesus verlässt also – vorübergehend – seine »Kerngemeinde«, als er dort an einen toten Punkt gekommen ist, und wendet sich anderen Menschen zu: »*Wenn jemand euch nicht aufnehmen und eure Botschaft nicht anhören will: Verlasst das Haus oder die Stadt und schüttelt den Staub von euren Füßen.*« (Matthäus 10,14)

Dort – in der Dekapolis – bringen die Einheimischen einen »Taubstummen« zu Jesus. Das hier verwendete Wort im Griechischen heißt eigentlich »mit Mühe redend«. Es scheint sich um jemanden gehandelt zu haben, der aufgrund seiner Taubheit nur lallen und nicht richtig reden konnte. Und vermutlich sind es Freunde oder Angehörige, die diesen Mann zu Jesus führen. Damals wie heute kommen die wenigsten Menschen von selbst in den Wirkungskreis Jesu. Bei dem Taubstummen ist der Grund offensichtlich: Jesus, der sich als Wanderprediger einen Namen gemacht hat, ist für ihn, den Gehörlosen, scheinbar völlig irrelevant. Warum sollte er als Gehörloser vor der Stadt einem Prediger zuhören?

Er – so mag man denken und so denkt er selbst – braucht keine Predigt. Er braucht Heilung. Heute ist es ganz ähnlich, dass viele (vielleicht sogar die meisten) Menschen denken, die Botschaft Jesu sei für sie völlig irrelevant. Sie sind der Botschaft des Evangeliums gegenüber tatsächlich »gehörlos«. Es ist ja nicht so, dass sie dieser nie ausgesetzt gewesen wären. Es gibt kaum jemanden in unserem Kulturkreis, der nicht schon einmal an einem Gottesdienst teilgenommen, eine Kinder- oder Jugendgruppe besucht, ein »Wort zum Sonntag« gesehen, eine Morgenandacht gehört oder ähnliches getan hätte. Wenn ein junger Mensch heute die Schule verlässt, hat er oft über 1000 Stunden Religions- und Konfirmandenunterricht absolviert. Und doch haben die meisten Menschen in unserem Kulturkreis so gut wie keine Ahnung von der christlichen Religion. Sie haben keine Bibelkenntnis, von den Zehn Geboten bekommen sie vielleicht zwei oder drei zusammen und von Jesus und seiner Botschaft wissen sie so gut wie nichts. Sie haben gehört und doch nicht gehört: geistliche Gehörlosigkeit.

Auf Predigt sind solche Leute offensichtlich nicht ansprechbar. Aber vielleicht auf Heilung: Heilung der Seele, Heilung des Körpers, Heilung der Erinnerung, Heilung der Beziehungen und anderes mehr. Dass ausgerechnet die Predigt Jesu diese Heilung bringen könnte, darauf kämen sie im Leben nicht. Darum müssen sie – wie der Taubstumme in unserer Geschichte – zu Jesus »gebracht« werden. Die Wenigsten kommen von sich aus in den Gottesdienst, einen Glaubenskurs, eine missionarische Veranstaltung, eine Kleingruppe oder an irgendeinen anderen Ort, an dem man Jesus gut begegnen kann. Es braucht in aller Regel einen oder mehrere Menschen, die einen liebevoll, aber beharrlich dort hinführen.

Das ist durchaus ein Risiko. Haben Sie schon mal jemanden in den Gottesdienst, einen Glaubenskurs oder zu einem christlichen Vortrag eingeladen – und er kam nach längerem Werben Ihrerseits tatsächlich mit? Das ist ein heikler Moment. Was ist, wenn dieser Gottesdienst sich in die vielen anderen Gottesdienste einreiht, die den Eingeladenen einfach nur gelangweilt haben? Was ist, wenn er den Vortragsredner nicht mag oder ihn die im Glaubenskurs angesprochenen Inhalte nicht interessieren?

Es gibt einen Punkt, an dem wir nichts mehr machen können. Da hilft nur noch eins: beten. Und genau das passiert in unserem Text: »*Sie baten Jesus:* ›*Leg ihm deine Hand auf.*‹« Das ist das Gebet jedes Menschen, der mit viel Mühe einen anderen Menschen in den Wirkungskreis Jesu bringt: »*Herr, lege deine Hand auf diesen Menschen.*« Allerdings: Wenn man es genau nimmt, tut Jesus das gar nicht. Er legt dem Taubstummen nicht die Hand auf. Er nimmt ihn vielmehr beiseite, legt ihm die Finger in die Ohren, berührt seine Zunge mit Speichel, sieht zum Himmel auf, seufzt und sagt: »*Hefata! – Tu dich auf!*« Dann erst kann der Gehörlose hören und sprechen. Jeder Aspekt an dieser kleinen Sequenz ist interessant!

Zunächst: Jesus nimmt den Taubstummen beiseite, weg von der Menschenmenge. Das Christentum ist zwar seinem Wesen nach eine Gemeinschaftsreligion. Dennoch steht etwas höchst Individuelles in der Mitte allen Christseins: nämlich die persönliche Beziehung zwischen einem Menschen und Jesus Christus. Ohne diesen Kern nehmen wir dem Christsein das Entscheidende. Christsein ist seinem Wesen nach nicht ein Verhalten, sondern ein Verhältnis. Ein Christsein, das sich in irgendwelchen äußeren Vollzügen erschöpft, ist wie eine Ehe ohne Liebe: Taten und Gesten mögen sich in Vielem gleichen, aber es fehlt letztlich das, worum es eigentlich geht.

Dass Jesus den Taubstummen beiseite nimmt, ist darum essenziell. Um Gott in Jesus Christus zu begegnen, müssen wir mitunter heraus aus unseren alltäglichen Bezügen. Jesus führt den Kranken sogar von den Menschen weg, die ihn zu ihm hingebracht haben! In unseren menschlichen Beziehungen steckt oft so viel, was uns festlegt, ja mitunter auch krank macht. Darum ist es wichtig, dass wir uns immer wieder von Jesus ein Stück abseits führen lassen in die Stille bzw. in die Begegnung mit ihm.

Sodann: Jesus legt dem Taubstummen seine Finger in die Ohren und berührt seine Zunge mit Speichel. Man muss hierzu wissen, dass man in der Antike dem Speichel Heilkraft zusprach, und so ganz dumm ist das nicht. Verletzte Tiere lecken instinktiv ihre Wunden. Auch Menschen stecken sofort ihren Finger in den Mund, wenn sie sich in den Finger geschnitten haben, und bedecken ihn mit Speichel. Ob das im Fall von Stummheit oder Blindheit (vgl. Johannes 9,6) hilft, kann man natürlich in Frage stellen. Die Heilung erfolgt im Übrigen auch erst später, nach dem Gebet Jesu.

Aber Jesus redet hier mit dem Taubstummen in einer Zeichensprache. In einer Sprache also, die der Mann versteht. »Speichel« heißt für ihn »Heilung«. Tröstende oder ermutigende Worte hätte er ja gar nicht verstanden. Es hätte auch nicht genügt, wenn Jesus dem Mann einfach gesagt hätte, er sei geheilt, denn der hätte es nicht gehört. Jesus berührt vielmehr die Ohren und die Zunge des Kranken und sagt damit: Ich gehe jetzt an deine wundesten Punkte. Und indem er Speichel benutzt, sagt er in seiner ureigenen Sprache: »*Ich will dich heilen.*«

Dann sieht Jesus zum Himmel auf und – seufzt. Das Wort »Seufzen« spielt in der Bibel eine erstaunlich starke Rolle. Immer wieder hört Gott das Seufzen der Armen, Kranken und Unterdrückten, ja der gesamten Kreatur. Dass Jesus ebenfalls seufzt, zeigt, wie sehr der Gottessohn in dieses Seufzen der Kreatur einstimmt, wie sehr er das Leiden des Kranken mitempfindet und auf sich nimmt. Immer wieder lesen wir im Neuen Testament, dass und wie sehr es Jesus bis ins Physische hinein Kraft gekostet hat,

Menschen zu heilen. Die Verbindung zwischen Himmel und Erde herzustellen, ist nichts, was der Gottessohn mit lockerer Hand und einem Lächeln vollzieht.

Dass Jesus in diesem Moment eine solche Verbindung vollzieht, darüber kann kein Zweifel bestehen. Er schaut zum Himmel. Nimmt Blickkontakt auf. Und dann sagt er das wunderbare Wort, das uns als eines von nur vier Jesusworten im originalen Aramäisch erhalten geblieben ist: »*Hefata! – Tu dich auf!*« Und er meint damit nicht nur die Ohren und den Mund des Taubstummen, er meint damit auch und vor allem den Himmel.

Dann geht alles sehr schnell. Mit einem Mal kann der Mann hören und normal sprechen. Und: Jesus bittet ihn und die Umstehenden – ähnlich wie in anderen Fällen –, über das zu schweigen, was sie soeben erlebt und erfahren haben. Was Jesus hier und andernorts bewegt, ein Schweigegebot auszusprechen, lässt sich nur vermuten. Unsere Deutung ist: Der vormals Taubstumme soll sich erst einmal ins Hören einüben, bevor er über seine Heilung zu sprechen beginnt. Wer dauerhaft recht reden will, muss erst einmal eine Weile zuhören.

Für den vormals Kranken muss sich das Schweigegebot Jesu jedoch wie blanker Hohn angefühlt haben. Von Kindesbeinen an kann er nicht richtig sprechen, und jetzt, wo er es auf einmal kann, darf er es nicht! – Dass sich in dieser wie auch in anderen Geschichten so gut wie niemand an das Schweigegebot hält, ist nicht verwunderlich: »*Wir können's ja nicht lassen, von dem zu reden, was wir gesehen und gehört haben*« (Apostelgeschichte 4,20). – Doch verlassen wir an dieser Stelle die Geschichte und wenden uns unserem »evangelischen Patienten« zu.

Wer Ohren hat zu hören ...

Taubheit spielt in der Bibel immer wieder eine Rolle, um die Verschlossenheit des Menschen gegenüber dem Reden und Handeln Gottes zu symbolisieren. Denn die Autoren des Neuen Testaments wollen uns ja nicht nur über die Fähigkeit Jesu berichten, Wunder zu wirken. Sie sind viel zu tief verwurzelt in der hebräischen Bibel, um nicht die Symbolik zu erkennen, die über das individuelle Schicksal hinaus in jeder von Jesus geheilten Krankheit steckt. Das, was jenem Taubstummen damals widerfuhr, hat auch für uns Bedeutung. Und wenn ich »für uns« schreibe, meine ich nicht nur die Menschen irgendwo »da draußen«, an die wir unsere Predigten und Botschaften adressieren, sondern zunächst einmal uns selbst als Kirche bzw. als Volk Gottes.

Schon im 6. Jahrhundert vor Christus nahm sich der Prophet Jesaja sein Volk und vor allem die religiösen Führer seiner Zeit zur Brust: »*Macht eure Ohren auf, ihr Schwerhörigen! Macht eure Augen auf, ihr Blinden, damit ihr etwas seht! Ihr meint, der Herr sieht und hört nichts; aber wenn hier einer blind und taub ist, dann seid ihr es*« (Jesaja 42,18-20, Gute-Nachricht-Übersetzung). Hintergrund dieser Worte ist die babylonische Gefangenschaft, eine Zeit, in der die Führungsschicht Israels rund 1200 Kilometer weiter nordöstlich neu angesiedelt wurde – eben in Babylonien. Eine Zeit, in der man sich als völlig gottverlassen empfand. Die Stadt Jerusalem war zerstört. Der Tempel dem Erdboden gleichgemacht. Die religiöse und politische Führung entmachtet, gedemütigt und in die Wüste geschickt. Und mehr und mehr Juden stimmen resigniert mit ein in den Hohngesang der Babylonier: »Euer Gott hört und sieht euch nicht!«

Da tritt Jesaja auf den Plan und kehrt den Spieß um: »*Es ist nicht so, dass Gott euch nicht hört oder sieht. Ihr seid es, die nicht hören und nicht sehen.*« Wohlgemerkt: Jesaja redet an dieser Stelle nicht zu den Babyloniern und Heiden, sondern zu seinem eigenen Volk, zur religiösen Oberschicht: »*Ihr seid es, die – geistlich gesehen – nichts hören und nichts sehen.*« Ein ziemlicher Affront! Schließlich sind sie es doch, die mitten im babylonischen Land die alten Geschichten des Volkes Israels sammeln und bewahren, die die Gebote Gottes hochhalten und die Gebetszeiten und Riten beachten und pflegen. Und jetzt müssen sie sich auf einmal vorhalten lassen, dass sie es sind, die nicht hören?

Erinnern wir uns noch mal an den Kontext der Geschichte von der Heilung des Taubstummen. Jesus wurde hier von den religiösen Autoritäten seines Landes vorher hart angegangen. Einer späteren Handschrift zufolge beendet Jesus diese Auseinandersetzung mit den Worten: »*Wer Ohren hat zu hören, der höre*« (Markus 4,9). Vielleicht ist es kein Zufall, dass die Geschichte von der Heilung des Taubstummen fast direkt auf diese Episode folgt. Sie schließt auf diese Weise nahtlos an die Kritik Jesajas an den religiösen Führern seiner Zeit an: »*Nicht die Menschen da draußen sind taub, sondern ihr selbst seid es!*«

Sieben Mal ist uns die Redewendung »*Wer Ohren hat zu hören*« von Jesus überliefert. Er kannte das Phänomen genau, dass Menschen weghören, woanders hinhören, sich verhören, das Gehörte umdeuten etc. Dass man zwei funktionierende Ohren hat, ist zwar eine notwendige Bedingung, aber keineswegs eine Garantie dafür, wirklich zu hören.

Hörende Kirche

Uns als Kirche macht es zu schaffen, dass die Menschen unsere Botschaft nicht mehr aufgreifen. Hier hilft es nicht, noch lauter oder eindringlicher zu verkündigen als bisher. Auch bringt es nicht viel, verstärkt auf digitale Methoden zu setzen – so verspätet das kommt und so wichtig es ist. Die wichtigste Reaktion auf die heute so weit verbreitete Gehörlosigkeit dem Evangelium gegenüber wird vielmehr darin bestehen, selbst verstärkt hinzuhören: auf Gott und die Menschen.

Vielleicht kennen Sie diese Geschichte: Ein Mann hat den Verdacht, dass seine Frau nur noch schlecht hört. Also macht er einen Test. Er stellt sich, während seine Frau am Herd beschäftigt ist, an die Küchentür und fragt: »*Schatz, was gibt es heute zu essen?*« – Keine Antwort. Also geht er etwas näher an sie heran: »*Schatz, was gibt es heute zu essen?*« – Wieder keine Antwort. Daraufhin stellt er sich direkt hinter sie: »*Schatz, was gibt es heute zu essen?*« – Sie dreht sich um und sagt: »*Mann, ich sag's dir jetzt zum dritten Mal: Spiegelei mit Kartoffeln.*« – Zugegeben: Der Witz ist alt. Aber er macht einen nicht ganz seltenen Mechanismus deutlich: Manchmal meinen wir, andere würden nicht richtig zuhören. Dabei liegt das Problem möglicherweise bei uns selbst.

Kirche ist in erster Linie dazu berufen, hörende Kirche zu sein. Und das ist durchaus schwer. Die meisten Menschen reden lieber, statt genau hinzuhören. Doch jede Beziehung lebt vom genauen Hinhören, das das Nach-Denken, das Nach-Empfinden des Gehörten einschließt. Erst ein solches Hinhören macht den Dialog möglich – wer nur redet, wird früher oder später allein sein. Wir sind oft so voll von uns selbst und unserer Botschaft – und leider auch von unserem vermeintlichen Wissen über den anderen, dass wir uns nicht wirklich öffnen für das, was er oder sie sagt.

Dazu kommt, dass wir meist schon nach wenigen Worten zu wissen meinen, was der oder die andere sagen möchte, und haben – oft schon längst bevor die Person ausgesprochen hat – die eigene »Antwort« parat. Das heißt: Wir hören gar nicht richtig hin, sondern bringen lediglich unsere eigenen Argumente in Stellung. Und weil das leider auch in der Kirche ein ziemlich verbreitetes Phänomen ist, sagt Jesus: »*Wenn Gott euch ein Paar Ohren gegeben hat, benutzt sie bitte!*« Auch und gerade wenn ihr euch als »Kirche des Wortes« versteht, müsst ihr, bevor ihr selbst redet, erst einmal lernen, genau hinzuhören – das ist die seelsorgliche Kirche.

»*Der Mensch hat zwei Ohren, aber nur einen Mund, damit er doppelt so viel höre wie er spricht.*« Dieser alte Satz beinhaltet eine tiefe Wahrheit. Wir erinnern uns: Der »Taubstumme« in unserer Geschichte kann deswegen nicht »richtig reden«, weil er nie gehört hat, wie die Worte wirklich ausgesprochen werden. Richtig Reden lernt man nur durch Hören: An der Sprache der anderen entwickelt sich unsere eigene Sprache. Wer auf das Hinhören verzichtet, weil er eh glaubt zu wissen, was die anderen meinen, wird sehr bald an ihnen vorbeisprechen. Dass wir auf diese Weise selbst mit der allerbesten Botschaft der Welt den Anschluss an die Menschen verlieren, ist dann kein Wunder. Wir reden, aber wir reden »nicht richtig«. Wie sagte schon Martin Luther: »*Man muss den Leuten aufs Maul schauen*«, wenn man verstanden werden will.

Natürlich ist das Evangelium eine Botschaft, die sich der Mensch nicht selbst sagen kann. Allerdings haben wir diese Botschaft des Evangeliums auch als Kirche keineswegs in fixfertiger Weise. Wenn wir bei der Ausrichtung des Evangeliums nicht in lauter Banalitäten abgleiten wollen, brauchen wir dieses doppelte Hinhören: auf Gott und auf die Menschen. Wir dürfen niemals meinen, wir wüssten ein für alle Mal, was Gott denkt und wozu er uns beauftragt. Erst im beständigen Hören auf die Stimme Gottes lernen wir das »Herz Gottes« kennen. Und erst dadurch lernen wir, was wir im Auftrag Gottes sprechen sollen. Durch Hinhören auf Gott – aber eben auch durch Hören auf die Menschen. Denn nur, wenn wir verstehen, was sie im Tiefsten bewegt, wissen wir, für welche Botschaft und welche Kommunikationsform sie wirklich offen sind und für welche nicht.

Dazu Kommt: Das Evangelium ist nicht eine Botschaft, die wir dem einen wie dem anderen in gleicher Weise sagen können. Einem Menschen, der in seiner Kindheit zuhause missbraucht wurde, kann ich nicht einfach Gott als »himmlischen Vater« verkündigen; ein Mensch, der leiblichen Hunger hat, wird für die Botschaft geistlicher Speise nur bedingt offen sein etc. Nicht nur die Art der Präsentation des Evangeliums ändert sich durch das Hinhören auf den anderen, sondern in gewisser Weise auch das Evangelium selbst. Das Evangelium ist so vielfältig wie ein Diamant: Je nachdem, welche Seite wir betrachten, erstrahlt es in einem anderen Licht.

Von dem 1994 verstorbenen Aachener Bischof Klaus Hemmerle stammt darum das wunderbare Wort: »*Lass mich dich lernen, dein Denken und Sprechen, dein Fragen und Dasein, damit ich daran die Botschaft neu lernen kann, die ich dir zu überliefern habe.*« Durch Hinhören erwerben wir uns nicht nur die Erlaubnis, selbst zu sprechen, sondern wir lernen auch, wie und was wir sprechen sollen.

Der dialogische Missionsauftrag

Menschen, die ungefragt ihre Meinung kundtun, gibt es in Hülle und Fülle. Die christliche Verkündigung hingegen ist ihrem Wesen nach dialogisch angelegt. Moment, fragen Sie vielleicht, haben wir als Kirche nicht einen klaren Missionsauftrag, also eine Botschaft, die wir der Welt zu verkünden haben? »*Gehet hin in alle Welt und lehrt die Menschen, meine Jüngerinnen und Jünger zu sein.*« Das klingt doch eher danach, als hätten wir als Christinnen und Christen eine Wahrheit, die es direkt weiterzugeben gilt. Wo soll da Platz für einen Dialog sein? Doch schauen wir, wie oft Jesus das Gespräch mit den Menschen suchte (viel öfter, als dass er predigte!) und wie vielfältig seine Zugänge waren, um den Menschen das eine Evangelium zu verkündigen. Oder betrachten wir die Art und Weise, wie Paulus den Missionsauftrag Jesu umsetzte.

In Apostelgeschichte 18,4 heißt es zum Beispiel, dass er in der Synagoge »lehrte«. Das klingt so, als hätte er gesprochen und alle anderen hätten zugehört. Aber das Verb, das hier steht, heißt »dialegere«: in den Dialog treten. Und es spricht einiges dafür, dass dies die bevorzugte »Missionsmethode« des Paulus war. Er ging nicht davon aus, dass er die »Wahrheit« in einer nicht mehr zu diskutierenden Weise zu präsentieren hätte. Sondern er brachte das, was er erkannt zu haben meinte, ins Gespräch und hörte genau hin, was seine Gesprächspartnerinnen an Argumenten, anderen Ansichten oder auch an individuell erlebten Geschichten einbrachten. Und darauf ging er dann wiederum ein.

Ähnliches gilt übrigens für den Begriff der »Evangelisation«: Das griechische Wort »*euangelizesthai*« ist grammatikalisch gesehen ein Medium, eine Verbform in der Mitte zwischen aktiv und passiv. Weder können wir Mission »machen«, noch sind wir dabei bloß Zuschauende. Wir sind ganz angewiesen auf Gott – und gleichzeitig handeln wir. Wir hören auf die Menschen – und bauen damit die Brücke, dass sie auch auf uns hören. Evangelisieren ist etwas höchst Interaktives, ein Vorgang zwischen Aktiv und Passiv, etwas, was sich im Modus des Gebens und Nehmens vollzieht.

Die These dieses Kapitels ist, dass unsere Verkündigung heute oft an den Menschen vorbeigeht, weil wir nicht genug bzw. nicht richtig hinhören. Jesus erteilt dem gerade geheilten Taubstummen ein Schweigegebot. Dies gilt sicherlich nicht für den Rest seines Lebens, aber doch für einige Zeit. Er muss erst einmal das Erlebte für sich verarbeiten und in sich reifen lassen. Außerdem muss er sich ins Hören einüben, um im Gespräch mit anderen die richtigen Worte zu treffen. Wenn Sie jemals einen Menschen von einem frischen religiösen Erlebnis haben schwärmen hören, dann wissen Sie, wovon ich rede. In geistlicher Hinsicht ist es selten sinnvoll, über etwas zu sprechen, über das man nicht vorher eine Weile geschwiegen hat. Wobei es nicht um ein bloßes Stummsein geht, sondern darum, erst einmal auf Gott und die Menschen zu hören.

Wie also könnte eine Kultur des Hörens in der Kirche aussehen? Drei Vorschläge dazu:

• Wir brauchen mehr Zeiten, Räume und Rituale, um alleine für uns das hörende Beten einzuüben. Zu diesem Hören gehören Meditation, das Lesen der Bibel und etwas, was ich als »hörende Fürbitte« bezeichne. Ein Mentor hat mir mal gesagt: *»Rede nie mit einem Menschen über Gott, wenn du nicht vorher mit Gott über diesen Menschen geredet hast.«* Wir können nur angemessen von Gott reden, wenn wir uns im Austausch mit ihm befinden. Wenn wir hinhören. »Spiritualität« ist deshalb der wichtigste Schlüssel für die Zukunft der Kirche. Dies ist freilich keine »natürliche« Fähigkeit. Sie bedarf eines Rabbis oder einer Rabba, bei denen wir eine Zeit lang in die Schule gehen, um genau diese Fertigkeit von ihnen zu erlernen. Mehr denn je brauchen wir in unserer Kirche Menschen mit einer »mystagogischen Kompetenz«: Lehrerinnen und Lehrer des Gebets, Meditationsanleiter und Lobpreisleiterinnen, Menschen, die uns zeigen, wie wir die Bibel lesen können etc. Um Gottes Stimme dauerhaft zu hören, ist Anleitung nahezu unumgänglich. Aber es ist nicht das Einzige. Zuerst und vor allem brauchen wir Heilung. Kein Mensch hat von sich aus offene Ohren für Gott. Wir brauchen es, dass Jesus uns sagt: »*Öffne dich und werde heil!*«

• Wir brauchen mehr Begegnungen als Veranstaltungen. Ich halte es für eine schlimme Verirrung, dass sich unsere Kirche mehr und mehr auf die sogenannte »*Öffentliche Verkündigung*« zurückzieht und alles, was im weitesten Sinn als »*Beziehungsarbeit*« zu verstehen ist, mehr und mehr zurückfährt. Rein von der Organisationslogik her betrachtet ist ein solches Vorgehen durchaus stimmig. Wenn es immer weniger Personal gibt, erscheint es logisch, dieses überwiegend zum Reden statt zum Hören einzusetzen. Schließlich kann man zu vielen Menschen gleichzeitig reden, zuhören aber kann man immer nur einem oder wenigen auf einmal. Und doch wird uns auf diese Weise das Schicksal des Taubstummen zuteil. Weil er nicht hören konnte, redete er »nicht recht«. Es ist zweifellos viel »effizienter«, öffentliche Reden zu halten (vorausgesetzt jemand kommt und hört zu), als Seelsorge zu betreiben, in Einzelbeziehungen zu investieren oder Menschen in kleinen Gruppen zum Bibellesen oder auch zur Mitarbeit anzuleiten. Und doch ist genau das die Zukunft der Kirche.

• Wir brauchen viel mehr Kontakte zu Menschen, die anders denken und anders glauben als wir selbst. Wir beschäftigen und unterhalten uns viel zu viel mit uns selbst und unseresgleichen statt mit den Menschen, die wir mit dem Evangelium erreichen wollen. Im 21. Jahrhundert aber werden die religiösen Themen weniger von den Antworten der Tradition bestimmt als vielmehr von den Fragen der Gegenwart. Darum brauchen wir in der Kirche auf allen Ebenen eine entschiedene, ja geradezu systematische Öffnung für die Menschen um uns herum – und für abweichende Meinungen in unserer Mitte. Wir brauchen analoge und digitale Kommunikationsräume, »Open Spaces«, Befragungen, Gespräche und eine Kultur der Wertschätzung abweichender Meinungen. Wir brauchen mehr Fragen als Antworten. Wir brauchen mehr Gebet als Aktionen und mehr Beziehungen als Veranstaltungen und Sitzungen. Statt vollmundig die großen Weltprobleme zu »lösen«, müssen wir die Ohren öffnen für das, was die Menschen um uns herum wirklich bewegt. Alles in allem brauchen wir weniger Bekehrungsversuche und stattdessen mehr Bereitschaft, uns selbst zu bekehren. Wir brauchen es, dass Jesus uns die Finger in die Ohren steckt und sein heilendes Wort zuspricht: »*Hefata!*«

Und sie kamen ans andre Ufer des Meeres in die Gegend der Gerasener. Als er aus dem Boot stieg, lief ihm alsbald von den Gräbern her ein Mensch entgegen mit einem unreinen Geist. Niemand konnte ihn mehr binden, auch nicht mit einer Kette; und er war allezeit, Tag und Nacht, in den Grabhöhlen und auf den Bergen, schrie und schlug sich mit Steinen. Da er aber Jesus sah von ferne, lief er hinzu und fiel vor ihm nieder, schrie laut und sprach: »Was habe ich mit dir zu schaffen, Jesus, du Sohn des höchsten Gottes? Ich beschwöre dich bei Gott: Quäle mich nicht!« Denn er hatte zu ihm gesagt: »Fahre aus, du unreiner Geist, von dem Menschen!« Und er fragte ihn: »Wie heißt du?« Und er sprach zu ihm: »Legion heiße ich; denn wir sind viele.« Es war aber dort am Berg eine große Herde Säue auf der Weide. Und die unreinen Geister baten ihn: »Lass uns in die Säue fahren!« Und er erlaubte es ihnen. Da fuhren sie aus und fuhren in die Säue, und die Herde stürmte den Abhang hinunter ins Meer, etwa zweitausend, und sie ersoffen im Meer.

4.   Wessen Geistes Kind sind wir?
Die Heilung des Besessenen von Gerasa – Markus 5,1-13

Der entscheidende Aspekt dieser »versauten« Heilungsgeschichte bündelt sich in der Frage: Wessen Geistes Kind sind wir eigentlich? Oder: Sind wir möglicherweise von allen guten Geistern verlassen? Also: Wer oder was bestimmt unser Tun und Denken? Wer oder was prägt unsere Einstellung zum Leben? Und: Wer oder was steuert uns und das, was wir in der Kirche gestalten?

Und weil es dabei um eine existentielle Selbstprüfung geht, siedelt der Erzähler des Markusevangeliums die

Handlung bewusst in Gerasa an, einer Grenzstadt zur sogenannten Dekapolis (die wir schon kennen gelernt haben) und damit zum Heidenland. Allein mit diesem Setting wird zum Ausdruck gebracht, dass jede und jeder Glaubende (und jede Institution) Gefahr läuft, von falschen Geistern besessen zu sein. Beherrscht von Kräften, die hier als »Dämon« bezeichnet werden.

Für das Verständnis dieses Heilungswunders ist es übrigens nicht entscheidend, ob wir an Dämonen als eigenständige Wesen glauben oder nicht. Entscheidend sind die Symptome. Wo immer in den Evangelien davon die Rede ist, dass ein Mensch von einem Dämon besessen ist, zeigen sich nämlich ähnliche Muster. Erstens: Der betroffene Mensch ist nicht mehr in der Lage, ein selbstbestimmtes Leben zu führen. Er kann nicht so leben, wie es ihm trotz seiner partiellen Einschränkung (wer hätte die nicht?) eigentlich möglich sein müsste. Zweitens: Er ist nicht Herr seiner selbst, sondern irgendetwas anderes hat ihn »im Griff«, und zwar nicht nur punktuell, sondern dauerhaft. Daher kommt auch die Rede, dass ein solcher Mensch »besessen« sei. Drittens: Sein Sozialverhalten ist nicht adäquat. Auch hier sind nicht die sozialen Eigenarten und Wunderlichkeiten gemeint, die wir wahrscheinlich alle an den Tag legen, sondern grundlegende soziale und kommunikative Störungen. Viertens: »Dämonie« zeigt sich immer wieder in ihrer destruktiven Kraft: Körper und Seele werden angegriffen, Beziehungen nehmen Schaden, ja sogar Leben wird zerstört. Und fünftens: Auch andere Menschen bekommen diese Störung nicht in den Griff. Man kann die Betroffenen wegschließen, isolieren, sedieren oder ignorieren, bestenfalls die Symptome ein wenig lindern, aber nicht heilen. Hier sind Mächte am Werk, die menschliche Kräfte übersteigen.

Dazu kommt der Aspekt: Dass jemand nicht mehr Herr seiner selbst (oder Frau ihrer selbst) ist, kennen wir alle in irgendeiner Form. Sei es, weil wir merken, dass wir von unserem Ehrgeiz »wie besessen« sind – oder, weil wir unserem Terminkalender, unseren Verletzungen in der Vergangenheit, unserer Angst, nicht zu genügen, unserer Sehnsucht nach Anerkennung oder unserem Beruf so viel Macht über uns gegeben haben, dass wir nicht mehr leben, sondern gelebt werden. Wenn man beobachtet, wie viele Menschen ihren Alltag nicht im Griff haben, dann wundert es nicht, dass vor 2000 Jahren (als man von Psychologie noch wenig wusste) selbst Mediziner dafür den Ausdruck »Dämon« gewählt haben. Allerdings beschreibt schon der Apostel Paulus dieses Phänomen deutlich therapeutischer: *»Ich weiß nicht, was ich tue. Denn ich tue nicht, was ich will; sondern was ich hasse, das tue ich«* (Römer 7,15). Übertragen gesprochen: *»Ich habe das Gefühl: Ich bin nicht mehr selbst-, sondern fremdbestimmt.«* Sogar der Apostel Paulus nimmt sich von diesem Phänomen also nicht aus. Insofern ist unsere Heilungsgeschichte ein passender Anlass, um mal zu schauen, von welchen Mächten die Evangelische Kirche heute »beherrscht« wird.

Zudem sollte man zum Verständnis dieser Heilungsgeschichte wissen, dass der Eber damals das Feldzeichen einer in Syrien stationierten römischen Legion war. Und wenn sich der Dämon als »Legion« bezeichnet und anschließend in eine Schweineherde (auch ein Symbol für »Heidentum«) fährt, dann schwang darin für jede Jüdin und jeden Juden die Botschaft mit: *»Dieser Jesus Christus kann von allem befreien, was uns beherrscht.«* Wobei es in der Regel wichtiger ist, erst einmal von den »Besatzungsmächten« in uns erlöst zu werden, als über eine politische Fremdherrschaft nachzudenken. Was hilft es, von äußeren Mächten frei zu werden, innerlich aber geknechtet und unterworfen zu bleiben?

Die Krankheit beim Namen nennen

Was ist also mit diesem Mann, der von einem Dämon besessen ist? Der Erzähler scheut sich nicht, dessen Situation in den düstersten Farben zu malen: Der Gerasener wird nicht nur fremdgesteuert und lebt auf der Grenze zwischen Israel und dem Heidenland; er haust auch auf einem Friedhof – damals ein Synonym für das Reich des Todes, das Gegenteil von Leben. So sollte niemand existieren müssen. In Grabhöhlen. Anders ausgedrückt: Dieser Mensch hat nicht nur die Kontrolle über sich verloren, sondern ist schon wie tot.

Interessanterweise hat das Umfeld des Besessenen im Vorfeld wohl mehrfach versucht, ihn mit Fesseln ruhig zu stellen. Aber im Text heißt es lapidar: *»Niemand konnte ihn mehr binden, auch nicht mit einer Kette.«* Natürlich nicht: Wenn einer ein Problem in sich trägt, hilft es nichts, das für ihn Problematische einfach nur zu verbieten und fernzuhalten. Denn das ändert ja nichts daran, dass das Zerstörerische in seinem Inneren weiter sein unheilvolles Werk tut. Das ist so, als würde ich Alkoholikern sagen: *»Hier ist Schnaps im Kühlschrank, aber du darfst nicht drangehen.«* Falsche Lebensmuster muss man von innen überwinden, die kann man nicht äußerlich verbieten. Was auch für die Protestantische Kirche eine zentrale Frage sein könnte: Bei welchen Fehlentwicklungen versuchen wir seit langem verzweifelt, sie im Zaum zu halten, anstatt die »bösen Geister« zu vertreiben?

Ein markanter Ausdruck von Besessenheit ist natürlich auch der Abbruch der Kommunikation. Der Gerasener schreit irgendwann nur noch herum. Das heißt: Er ist aggressiv, er verscheucht alle um sich herum und hat mit niemandem mehr Gemeinschaft. Menschen und Institutionen, die von irgendetwas »Fremdem« getrieben sind, ziehen sich aus der Gesellschaft zurück und enden in der Isolation. Je mehr jemand hofft, er könne das, was ein Leben kostbar macht, unabhängig von seiner wahren Persönlichkeit finden, desto verlorener wird er.

Noch tragischer ist aber die Tatsache, dass der Gerasener auch noch autoaggressiv wird: »*Er schlug sich mit Steinen.*« Ebenfalls ein eindrückliches Bild: Wenn Menschen sich nicht mehr im Griff haben, sind die Hauptleidtragenden vor allem sie selbst. Der Mann verletzt sich. Er verwundet sich. Er hasst sich. Möglicherweise sind diese Selbstverletzungen sogar ein Ausdruck dafür, dass er gerne die bösen Geister aus sich »herausprügeln« möchte. Für uns ist aber vor allem von Bedeutung: Wenn jemand nicht mehr er selbst ist, dann muss er dringend etwas tun, weil er sonst auf Dauer nicht nur andere schädigt, sondern auch sich selbst zerstört.

Zu Beginn der Handlung geschieht allerdings erst einmal etwas Erstaunliches: Der »Dämon« erkennt Jesus nämlich und begrüßt ihn mit den Worten »Du Sohn des Allmächtigen«. Quasi ein verbaler Kotau. Offensichtlich weiß die »Besatzungsmacht«, dass sie es hier mit einer Kraft zu tun bekommt, die stärker ist als sie. Darum ergänzt der böse Geist sinngemäß: »*Lass mich gefälligst in Ruhe!*« Die Symbolik ist bezeichnend: Der »Dämon« benutzt einen Ehrentitel für Jesus, er weiß dementsprechend, dass hier Gott im Spiel ist, will aber auf keinen Fall weichen. Das ist wieder so ein Punkt, der sich auf jedes Individuum und jede Institution übertragen lässt: Sind wir überhaupt erpicht darauf, geheilt zu werden? Diese Frage haben wir schon im ersten Kapitel reflektiert: Wollen wir eigentlich, dass unsere Probleme gelöst werden? Will die Institution Kirche ihren Fesseln und Gebundenheiten wirklich entkommen? Oder ist ihre Angst vor dem Neuen, dem Unbekannten, dem Herausfordernden so groß, dass sie lieber in einem unzufriedenstellenden Zustand beharrt, als sich auf ungewisses Terrain zu begeben? Sind die Beharrungskräfte so massiv, dass ein Heilungsprozess unterm Strich riskanter erscheint als die Krankheit? In Hessen sagen wir in solchen Situationen gerne: *»Bei meinem Unglück, da weiß ich wenigstens, was ich hab'.«* Nach dem Motto: Vielleicht verflüchtigen sich die Probleme, wenn ich sie lange genug ignoriere.

Doch genau dieses Spielchen macht Jesus nicht mit. Er nennt die Dinge beim Namen. Und zwar deutlich! Medizinisch ausgedrückt: Er macht eine Anamnese. Er erkundet die Vorgeschichte bzw. die Ursachen der Krankheit. Das ist – nach der Erkenntnis *»Ich brauche Heilung«* – nämlich die zweite Voraussetzung für einen Heilungsprozess: Ich muss herausfinden, was die Gründe für die Symptome sind: *»Also, wo fehlt's uns denn?«* In diesem Fall: *»Was für eine Krankheit bist du eigentlich?«* – *»Wo kommt dein beklagenswerter Zustand eigentlich her?«* Lass uns nicht um den heißen Brei herumreden!

Noch mal: Wer nicht den Mut hat, seine Krankheiten zu benennen und nach ihren Ursachen zu forschen, der macht oft jede Therapie unmöglich. Deshalb möchte Jesus von dem Dämon wissen, wie er heißt. Und wer sich ein bisschen mit der Bedeutung von Namen im Orient auskennt, ahnt: Jesus will genau wissen, wer oder was sich hinter dieser Krankheit verbirgt. Die Symptome selbst sind für alle Zuschauenden erkennbar (Schreien, Ketten sprengen, Aggression und Autoaggression), jetzt geht es aber um das Offenlegen der eigentlichen Störungsquelle.

Und seien wir ehrlich: Wenn es in der Evangelischen Kirche in den letzten Jahren Versuche von Reformansätzen gab, dann waren sie fast immer Reaktionen auf äußere Entwicklungen wie sinkende Mitgliederzahlen, abnehmende Relevanz oder schrumpfende Einnahmen. Der Schritt von der erstaunten und ein wenig hilflosen Betrachtung dieser äußeren Phänomene zu den dahinterliegenden innerkirchlichen Auslösern wird aber nur selten gemacht. Es wird – mitunter mit sehr viel Aufwand – an den Symptomen herumkuriert: *»Personalmangel, also machen wir die Gemeinden größer.«* ... *»Keiner kommt mehr in den Gottesdienst: Also bieten wir weniger an.«* ... *»Immer weniger Geld, also sparen wir an Innovationen, um wenigstens den laufenden Betrieb am Leben zu erhalten.«* Aber es sind eben die Symptome, an denen wir herumkurieren. Die Ursachen jedoch werden nicht benannt bzw. irgendwo außerhalb des kirchlichen Systems gesucht. Man begnügt sich damit, die unheilvollsten Folgen etwas einzudämmen, geht aber dem Problem nicht an die Wurzel. Mehr noch: Wir alle entwickeln im Lauf der Zeit geschickte Mechanismen, um uns immer wieder einzureden, es sei doch alles halb so schlimm. Leider.

Selbst grundlegende »Systemfehler« wie die Tatsache, dass die lebensverändernde Botschaft von der Liebe Gottes für viele Menschen bedeutungslos geworden ist, dass die Mehrheit der Bevölkerung die zurzeit angebotenen Gottesdienste keineswegs für besuchenswert hält und dass die Kraft des Evangeliums selbst bei Kircheninsidern oftmals nicht zu leuchtenden Augen und leidenschaftlichem Engagement führt, werden lieber dem Zeitgeist als eigenen Versäumnissen zugeschrieben: »*Ja, Institutionen stehen heute allgemein nicht mehr hoch im Kurs.*« Auf gut Deutsch: »*Was bei uns passiert, ist völlig normal. Kein Grund zur Beunruhigung. Und schon gar keiner für eine grundlegende ‚Wurzelbehandlung‘. Ein bisschen Festbinden hier und dort genügt.*« Natürlich leben wir in einer gesellschaftlichen Umbruchssituation – aber wer für die Entwicklungen vor allem externe Faktoren verantwortlich macht, dabei aber eigene Versäumnisse ignoriert, kommt nicht weiter.

Die Gefahren der Vielfalt

Jesus will sofort wissen, was dem Gerasener das Leben schwer macht – und erhält eine legendäre Antwort: »*Legion heiße ich; denn wir sind viele.*« Das meint übersetzt: Ich, der Dämon, bin wie eine Besatzungsmacht, eine Eroberungsmaschine, stark wie mehrere Tausend bewaffnete Soldaten, eine wilde Horde, die die Region, in der sie stationiert ist, aussaugt wie ein Parasit. Und dazu kommt: Ich lasse mich nicht so leicht festlegen. Ich habe Tausende von Erscheinungsformen. Ich bin die Macht der Vielfalt. Wer mich in sich trägt, der fragt sich erschreckt: »*Wer bin ich, und wenn ja wie viele?*«

Übrigens ist dieser Verweis des Dämons auf seine vielfältige Gestalt ein äußerst treffendes Bild für die Institution Kirche. Weil die ja meist sehr stolz auf ihre grenzenlose Vielfalt ist. Auf die weite Schar der Geister, die in ihr wirken dürfen. Auf die Bandbreite ihrer Handlungsfelder: Sie versucht alles und jeden einzubinden. Das ist im Prinzip auch begrüßenswert. Sehr sogar!

Kompliziert wird diese Lust an der Vielfalt aber, wenn sie irgendwann wichtiger scheint als der Kern dessen, was die Botschaft der Kirche auszeichnet. Wenn aus Pluralität Pluralismus wird. Und noch herausfordernder wird es, wenn die Evangelische Kirche dazu neigt, Vielfalt vor allem deshalb zu akzeptieren, weil sie gerne von allen gemocht werden möchte. Um es pointiert auszudrücken: *»Alle sollen uns gut finden.«* Interessanterweise passiert das oftmals gerade dann, wenn es um religiöse Inhalte geht. Da umarmen wir andere Religionen und Meinungen, egal, »wes' Geistes« Kind sie sind. Die manchmal hauchfeine Grenze zwischen gebotenem Respekt und Toleranz auf der einen Seite und einer unklaren Vermischung von inkompatiblen Inhalten wird da bisweilen gerne überschritten. Schließlich wollen wir niemandem zu nahe treten.

Schärfer wird unsere Argumentation nur, wenn es um politische Inhalte geht. Natürlich darf und muss Kirche auch politisch sein. Aber was ist das für eine Prioritätensetzung, wenn man in unserer Kirche die Auferstehung Jesu durchaus in Frage stellen kann, aber sofort energischen Widerspruch erfährt, wenn man ausnahmsweise Plastikgeschirr benutzt? Das ist mehr als nur eine Akzentverschiebung, und auch hier müssen wir fragen, wer oder was uns antreibt.

Das Evangelium hat schon immer die Geister geschieden – um im Bild unserer Geschichte zu bleiben. Und zwar auch und gerade in religiöser Hinsicht. Die Evangelische Kirche dagegen erweckt oftmals den Eindruck, dass sie theologische Konflikte eher scheut. Und wenn sie sich gesellschaftspolitisch äußert, versteckt sie die religiösen Grundlagen ihrer Statements meist so gekonnt, dass nach außen kaum deutlich wird, worin sich ihre Botschaft eigentlich von der einiger politischen Parteien unterscheidet bzw. was ihr theologischer Mehrwert ist. Dabei wäre hier genau das entscheidende Proprium: Kirche äußert sich dort, wo sie klar machen kann, dass das Evangelium – also die »gute Nachricht« von Jesus Christus – sie zu einer Stellungnahme herausfordert.

Dass der Protestantismus heute eher als politisch denn als geistlich wahrgenommen wird, hat viel mit diesem Vielfalts-Dilemma und der Vernachlässigung der ur-eigenen Kernkompetenz zu tun. Natürlich wirkt es auf den ersten Blick zutiefst christlich, dass wir sowohl einen Umweltbeauftragten als auch einen Ansprechpartner für Großunternehmer haben, dass wir sowohl einen Friedenspfarrer als auch einen Militärbischof einsetzen und dass wir mit allen politischen Parteien im Gespräch sind (um nur einige Beispiele zu nennen). Aber genau dadurch wird das Profil des Protestantismus für die meisten Kirchendistanzierten immer schwammiger: Wofür stehen die eigentlich?

Anders ausgedrückt: Ja, natürlich soll sich die Kirche zu gesellschaftspolitischen Fragen äußern. Und wie! Aber: Sich öffentlich äußern, das machen viele; Parteien, Gewerkschaften, Medienleute, NGOs, Influencer usw. Ihre Zahl ist Legion. Das Alleinstellungsmerkmal der Kirche wird nur dann offenbar, wenn sie deutlich machen kann, dass sie die spezifisch christliche Perspektive auf eine bestimmte Problematik aufzeigt. Und die Kernkompetenz der Kirche lautet nun mal: *» Wir sprechen von Gott. Wir machen deutlich, was Gott mit all dem zu tun hat!*« Wenn wir das nicht profilierter tun, dann ist es kein Zufall, dass die Mehrheit die Kirche nicht als geistliche, sondern vor allem als eine ethische Stimme unter vielen wahrnimmt: Sie ist offensichtlich für Frieden, Umweltschutz und Geschlechtergerechtigkeit – und gegen rechts.

Das ist alles richtig, und wir teilen diese Botschaft voll und ganz. Aber was genau ist bei alledem das spezifisch geistliche Profil? Und weil das geistliche Profil oft so unscharf ist und die Kirche eine »Legion« von Meinungen hat, entsteht auch schnell der Eindruck: Die meisten Nicht-Theologen könnten vermutlich kaum in Worte fassen, was eigentlich die Kernaussagen des Protestantismus sind und woran man die Evangelische Kirche erkennt. Wie gesagt: Vielfalt an sich ist etwas Großartiges. Gerade in der Kirche. Aber es braucht als Dach dieser Buntheit die vielbeschworene »Einheit in Vielfalt«. Wenn keine und keiner mehr sagen kann, worin diese Einheit besteht, dann wird die Vielfalt zur Gefahr. Insofern gehört zu einer ehrlichen Anamnese der Befund: In der Fülle der Geister rings um uns her (und oft auch in unserer Mitte) haben wir verlernt, auf den einen Geist hinzuweisen, dessen Kinder wird sind. Die Verantwortlichen in der Kirche müssen selbst wieder »geistlicher« kommunizieren. Sie müssen in einer Sprache sprechen, die unterscheidbar ist von allen anderen Sprachen, weil sie erkennbar vom Geist Jesu bewegt ist. Diese »andere Sprache« bedeutet nicht, ungewöhnliche Worte zu benutzen, sondern im Gegenteil: mit ziemlich gewöhnlichen Worten ungewöhnliche Dinge zu sagen, weil wir von einem anderen Geist bewegt sind.

Geisterstunde

Nun kommen wir zum großen Mysterium unserer Geschichte: Seit 2000 Jahren überlegen einige der klügsten Köpfe der Menschheit, was es wohl mit dieser ominösen Schweineherde auf sich hat. Wir wissen es auch nicht so genau. Es gibt allerdings einige Indizien: Dass der Dämon in 2000 Schweine fährt, weist noch einmal auf die Schwere der Erkrankung hin; sprich: Ein Mensch musste das ertragen, was kurz darauf 2000 Schweine in den Tod treibt. Darüber hinaus ist das bei den Juden unreine Schwein ein weiteres Indiz für die heidnische Herkunft des Dämons. Und der böse Geist kann den besessenen Mann eben nur verlassen, indem er sich einen neuen Wirt sucht.

Tja, und nun betreten die Einheimischen diese wundersame Szenerie und sehen den vorher so aggressiven Mann ganz entspannt dasitzen ... und? Freuen sie sich? Nein, im Gegenteil. Sie schicken Jesus weg. Eine solche Heilung ist ihnen nicht geheuer. Mit so einer radikalen Veränderung wollen sie nichts zu tun haben. Es scheint fast, als wären sie mit dem »Besessenen« besser zurechtgekommen als mit dem Gesunden. Womit der Autor des Markusevangeliums seine Leserinnen und Leser noch einmal fragt: Sind wir wirklich bereit, das Böse beim Namen zu nennen und dagegen vorzugehen? Und: Sind wir bereit, mit den Folgen einer solchen Befreiung zu leben? Damit, dass hier Menschen »entfesselt« werden, die ganz anders – aus eigenem Erleben heraus – von der Kraft des Evangeliums reden, als wir es in Lehrbüchern vorfinden. Das bringt, selbst wenn ein solcher Mensch sich wie der ehemals Besessene ganz freundlich benimmt, durchaus Unruhe ins Spiel. Daher die Frage: Würden wir das begrüßen oder wäre es uns eher unangenehm?

Sind wir bereit für eine geheilte Kirche? Eine, die vielleicht ganz anders ist als unsere liebgewordenen Gewohnheiten? Eine Kirche, in der wir eventuell eine nicht mehr ganz so wichtige Rolle spielen wie zuvor, weil plötzlich neue, andersartige Leute auftauchen, mitreden und mitgestalten wollen? Mit neuen Ideen, einer neuen Sprache und einer ungewohnten Unmittelbarkeit des Redens über

Gott? Eine Kirche, in der gelegentlich Dinge passieren, die wir nicht kontrollieren können? Eine, in der die Freunde der sozial-diakonischen Angebote, die Mitglieder des gesellschaftspolitischen Arbeitskreises, die Anhänger der klassischen Kirchenmusik und diejenigen, die sich missionarisch um das Heil der Einzelnen kümmern wollen, nicht mehr (wie so oft) gegeneinander, sondern miteinander agieren, weil ihnen die Einheit wichtiger ist als ihre Partikularinteressen?

Wer damals die Geschichte von der Heilung des besessenen Geraseners hörte, dem war klar, dass es der gute Geist Jesu ist, vor dem der böse Geist erzittert und dem er sich letztlich auch geschlagen geben muss. Und dass nur dieser gute Geist die Macht hat, all das, was von einem Menschen Besitz genommen hat, zu überwinden und es in die nächstgelegene Schweineherde zu treiben.

Wie wir gesehen haben, stellt diese Erzählung erstaunlich aktuelle Fragen an unsere Institution. Zuallererst beinhalten diese die Herausforderung: »*Sind wir bereit zu einer ehrlichen Anamnese?*« Zu einer Bestandsaufnahme, die das Unschöne nicht wegdiskutiert, sondern eingesteht? Dazu gehören Aspekte wie: Von wem, liebe Kirche, lässt du dich gebrauchen? Von welchen nichtgeistlichen Motiven lässt du dich leiten? Und was für Geister oder Mächte erleben wir, die unsere Institution lenken, ohne dass es zielführend wäre? Diese Geister müssen beim Namen genannt werden. Wird unsere Arbeit vom Geist Jesu bestimmt oder vom Geist der Tradition, vom Geist des Selbsterhalts, vom Geist des Rechthabens, vom Geist der Angst, vom Geist der Macht, vom Geist einer politischen Botschaft, vom Geist eines harmlos-netten Miteinanders oder vom Geist der finanziellen Notwendigkeiten ... Wie gesagt: Der Geister sind Legion!

Der erste Test für alle, die zu einer Gemeinde- oder Kirchenleitung gehören, ist in diesem Zusammenhang die Frage: Wieviel Zeit beschäftigen wir uns eigentlich mit was? Also: Was ist uns wichtig? Reden wir in den Leitungsorganen vor allem über die geistliche Entwicklung unserer Gemeinschaft – oder über den neuen Wasserboiler, die ärgerlichen Haushaltskürzungen und die Arbeitsverträge der Kindergärtnerinnen? Fragen wir uns, wie das Evangelium zu den Menschen kommt – oder sind wir blockiert, weil uns die Sanierung des Glockenturms seit zwei Jahren in Anspruch nimmt?

Das mag banal klingen, aber in solchen Schwerpunktsetzungen wird deutlich, wessen Geistes Kind wir sind – und wer Herr über unsere Zeit und unser Denken ist. Für uns ist es deshalb eine Schlüsselfrage der Zukunft, dass sich unserer Kirchenvorstände wieder als geistliche Gremien entdecken. Dass sie, egal an welche Frage sie herangehen, dieses aus einem Geist des Vertrauens auf das Wort Jesu tun. Nur in diesem Geist wird die Legion der Geister vertrieben, die sonst ihre Macht über unsere Kirche ausüben.

Der Geheilte von Gerasa macht übrigens etwas Verrücktes: Er fängt er an, im Gebiet der Dekapolis zu predigen. Obwohl er keine kirchliche Ordination erfahren hat. Ja, obwohl Jesus selbst es ihm verboten hat. Warum? Ganz einfach: Er kann nicht anders. Zu seinem neuen Sein gehört jetzt, dass er eine Heilung erfahren hat. Er ist so befreit, dass er seine Freude mit allen teilen möchte. Er hat erlebt, wie gut Veränderungen sein können, und möchte alle anderen ebenfalls dazu ermutigen. Wäre es nicht traumhaft, wenn die Kirche etwas von diesem Geist in sich (wieder-)entdecken würde?

Da war eine Frau, die hatte den Blutfluss seit zwölf Jahren und hatte viel erlitten von vielen Ärzten und all ihr Gut dafür aufgewandt; und es hatte ihr nichts geholfen, sondern es war nur schlimmer geworden. Da sie von Jesus gehört hatte, kam sie in der Menge von hinten heran und berührte sein Gewand. Denn sie sagte sich: »Wenn ich nur seine Kleider berühre, so werde ich gesund.« *Und sogleich versiegte die Quelle ihres Blutes, und sie spürte es am Leibe, dass sie von ihrer Plage geheilt war. Und Jesus spürte sogleich an sich selbst, dass eine Kraft von ihm ausgegangen war und sprach:* »Wer hat meine Kleider berührt?« *Und seine Jünger sprachen zu ihm:* »Du siehst, dass dich die Menge umdrängt, und sprichst: ‚Wer hat mich berührt?'« *Und er sah sich um nach der, die das getan hatte. Die Frau aber fürchtete sich und zitterte, denn sie wusste, was an ihr geschehen war; sie kam und fiel vor ihm nieder und sagte ihm die ganze Wahrheit. Er aber sprach zu ihr:* »Meine Tochter, dein Glaube hat dich gesund gemacht; geh hin in Frieden und sei gesund von deiner Plage!«

5. Berühendes Vertrauen
Die Heilung der blutflüssigen Frau – Markus 5,25-34

Der so genannte »Blutfluss«, von dem hier die Rede ist, also eine Dauermenstruation, war seinerzeit sehr gefürchtet. In 3. Mose 15,25–27 wird eine Frau, die unter dieser Krankheit litt, für »unrein« erklärt. Das bedeutete für sie: ein Leben ohne Berührung (weder ihr Mann, noch ihre Kinder durften sie anfassen), ein Leben ohne Gottesdienst und religiöse Gemeinschaft (und das bei einer Gemeinschaftsreligion wie dem Judentum) und ein

Leben unter ständigem schlechten Gewissen. Denn der Blutfluss galt damals als eine »Plage«, das heißt als Sündenstrafe Gottes. Dies mag an dieser Stelle genügen, um anzudeuten, was diese Frau erlitten hat. (Im nächsten Kapitel gehen wir noch mal genauer auf die gesellschaftlichen Auswirkungen eines solchen Status ein). Was also tut diese Kranke? Sie läuft von einem Arzt zum nächsten, bis ihr Geld alle ist. Dazu muss man wissen: Ärzte hatten damals einen ziemlich schlechten Ruf. Allein die Erwähnung, dass diese Frau bei Ärzten war, ließ die Hörer dieser Geschichte schon abwinken: »*Ach, du Schreck! In die Hände von Ärzten ist diese arme Frau gefallen.*« Als das nicht hilft, greift sie – wie viele Kranke – nach jedem rettenden Strohhalm, der sich ihr bietet. Die Geschichte schweigt darüber, was sie darüber hinaus noch probiert haben mag. Auf jeden Fall muss der Grad der Verzweiflung ziemlich hoch gewesen sein, als sie die Nachricht erreicht, Jesus sei in der Stadt:

»*Als sie von Jesus hörte, kam sie in der Menge von hinten heran und berührte sein Gewand. Denn sie sagte sich: Wenn ich nur seine Kleider berühren könnte, so würde ich gesund*« (Markus 5,27–28). Das ist keine sonderlich reflektierte, sondern eine durch und durch magische Vorstellung. Jesus ist für diese Frau keineswegs der »Sohn Gottes«, er ist nicht Gegenstand ihres Glaubens, sondern eher ihres Aberglaubens: Sie hat gehört, dass dieser Mann über heilende Kräfte verfügt. Und die will sie anzapfen: »*Vielleicht kann Er mir helfen.*« – Das ist ihr »Glaube«.

Nichts lässt darauf schließen, dass die Frau auch nur ungefähr weiß, an wen sie sich hier heranmacht. Auch was Jesus predigt, ist ihr ziemlich egal. Und schon gar nicht sucht sie eine persönliche Begegnung mit Jesus. Sie versteckt sich vielmehr in der Anonymität der Menschenmasse. Alles, was sie will, ist der magische Kontakt mit seinem Gewand, sie will, dass ein Funke seiner Heilkraft auf sie überspringt. – Sehr viel stärker kann man Jesus oder das Wesen des christlichen Glaubens gar nicht missverstehen.

Umso überraschender ist das, was daraufhin geschieht: »*Und sogleich versiegte die Quelle ihres Blutes, und sie spürte es am Leibe, dass sie von ihrer Plage geheilt war.*« Das stellt alles auf den Kopf, was man erwarten könnte. Müsste Jesus, ehe er auf diese Frau eingeht, nicht erst einmal ihre magischen Vorstellungen korrigieren? Müsste er sie nicht erst aus dem Bereich ihres Aberglaubens herausholen und behutsam, aber deutlich zu einem verantwortbaren Glauben führen? Nichts von alledem geschieht. Sie berührt den Saum seines Gewandes und wird gesund. Offensichtlich hat bei Jesus der Wille zu heilen die Priorität über alle religiöse oder auch moralische Korrektheit. Fromm konnte die Frau kaum sein, weil man sie aus der religiösen Gemeinschaft aussperrte. Und wir lesen auch nicht, dass sie ein guter Mensch gewesen sei. Alles, was die Frau »qualifiziert«, ist, dass sie sich in ihrer Sehnsucht nach Heilung an Jesus herantastet. Und das scheint Jesus zu genügen.

Das sind gute Nachrichten für alle, die sich heutzutage in irgendeiner Weise suchend an Jesus herantasten, dabei aber Sorge haben, in kultischer, dogmatischer oder moralischer Hinsicht den Anforderungen nicht zu entsprechen. Jesus, so sagt uns diese Geschichte, stellt keine Bedingungen, auf welche Weise wir ihn suchen müssen. Wo immer wir uns in unserer Sehnsucht an ihn wenden, ist er für uns da. Und ehe wir anfangen, an ihn zu glauben, hat er schon begonnen, Heil in unser Leben zu bringen.

Heilen kostet Kraft

Schon weiter oben sind wir dem eigentümlichen Umstand begegnet, dass es Jesus offensichtlich Kraft kostet, einen Menschen zu heilen. Spannend: Jesus scheint jede einzelne Heilung zu spüren, die er vollbringt. Jedes Mal, wenn er heilend, segnend, verkündigend und vergebend die Kraft Gottes auf andere Menschen überträgt, geht ihm – zumindest vorübergehend – ein Stück der eigenen Kraft verloren und er muss sich, das wissen wir aus anderen Texten, in Zeiten der Stille und des Gebets sozusagen neu »aufladen« lassen von Gott. Darum will er auch wissen, wer ihn da gerade »angezapft« hat.

Der Einwand der Jüngerinnen und Jünger ist aber mehr als berechtigt: Dutzende, vielleicht sogar Hunderte von Menschen umgeben Jesus und umwogen ihn wie ein gewaltiger Strom. Offensichtlich sind Berührung und Berührung nicht das gleiche. Dürfen wir annehmen, dass es auch hier wieder die Sehnsucht der Frau ist, die den Unterschied macht? Tatsache ist: Diese Geschichte ist einzigartig im Neuen Testament, weil Jesus hier kein willentliches Wunder vollbringt, sondern es einfach geschieht – kraft der auf Jesus gerichteten Sehnsucht dieser Frau.

Dass Jesus in die Herzen der Menschen sehen kann, ist in den Evangelien immer wieder ein Zeichen seiner göttlichen Vollmacht. Wir können also getrost davon ausgehen, dass Jesus wusste, wer ihn da berührt hatte. Trotzdem stellt er die Frage: »*Wer war das?*« – Warum tut er das? Damit fordert er die Frau auf, Stellung zu beziehen, aus der Anonymität der Masse herauszutreten und sich zu erkennen zu geben. Jetzt, nachdem er sie geheilt hat, beginnt er, ihren Glauben behutsam zurechtzurücken. Zugespitzt ausgedrückt: *Heilung* hat diese Frau erfahren, doch jetzt soll sie auch noch *Heil* erfahren. Dass der Blutfluss der Frau zum Erliegen gekommen war, schien ihr zwar schon wie der Himmel. Aber Jesus, der den Himmel kannte, war das nicht genug. Denn was hilft es, wenn ich gesund bin, Gott aber nicht kenne, der mich segnen will und mich – ganz gleich, ob gesund oder krank – zum Segen für andere werden lassen will?

»Die Frau aber fürchtete sich und zitterte, denn sie wusste, was an ihr geschehen war; sie kam und fiel vor ihm nieder und sagte ihm die ganze Wahrheit.« – Was lässt diese Frau so zittern? Nun: Eine blutflüssige Frau galt als »unrein«. Sie galt sozusagen als hochinfektiös. Indem sie sich an Jesus heranschleicht und ihn – sei es auch nur den Saum seines Gewandes – berührt, nimmt sie billigend in Kauf, ihn mit ihrer Unreinheit anzustecken. Ja mehr noch: Sie tut das geradezu mutwillig. Das bedeutet: In dem Moment, als sie Heilung erfährt, muss sie davon ausgehen, dass sie Jesus im gleichen Atemzug »angesteckt« und ihre Unreinheit auf ihn übertragen hat.

Die Frau hat das Gefühl, etwas ganz Entsetzliches gemacht zu haben: Sie hat ihre Unreinheit auf einen anderen Menschen abgewälzt. Sie hat sich Gesundheit geholt, indem sie einen anderen krank gemacht hat. Und diese Ungeheuerlichkeit kommt jetzt heraus, als Jesus sich zu ihr umdreht. Darum zittert diese Frau: Weil sie merkt, dass in dem Moment, in dem das Licht Jesu ihr Leben hell macht, etwas von ihrer Dunkelheit auf ihn übergegangen ist. Und das ist immer so: Wenn wir Jesus erlauben, uns gesund zu machen, übertragen wir auf ihn unsere Krankheit. Wenn wir ihm unseren Jammer und unsere Not bringen, trägt er sie … an sein Kreuz. Keiner hat das besser ausgedrückt als der Prophet Jesaja: *»Fürwahr, er trug unsre Krankheit und lud auf sich unsre Schmerzen*

[...] er ist um unserer Missetat willen verwundet und um unsrer Sünde willen zerschlagen. Die Strafe liegt auf ihm, auf dass wir Frieden hätten, und durch seine Wunden sind wir geheilt.« (Jesaja 53,4+5)

Jesus aber spricht zu ihr: »*Meine Tochter, dein Glaube hat dich gerettet* (wörtlich)*; geh hin in Frieden und sei gesund von deiner Plage!*« – Hier haben wir wieder dieses Wort: Plage. Jesus sagt nicht: Sei gesund von deiner Krankheit – das ist sie bereits seit fünf Versen. Nein, er sagt: Sei gesund von deiner Plage. Sei geheilt nicht nur von deiner Krankheit, sondern auch von deiner Scham, deiner Schuld und deinen Schuldgefühlen. Sei geheilt von deiner Furcht vor Strafe und von deiner Angst vor Gott. »*Gehe hin in Frieden. Dein Glaube hat dich gerettet. Er hat dich geheilt und er hat dir Heil gebracht.*«

Geheilt wurde die Frau allein schon durch die Berührung mit Jesus. Als sie in einer Mischung aus Aberglauben, Verruchtheit und Gewitztheit an Jesus heranschlich, um den Saum seines Gewandes zu erfassen. Obwohl sich die Frau Jesus in völlig falscher Weise näherte, machte sie das bereits gesund. Aber den Frieden mit Gott bekam sie erst, als sie sich dem Anspruch und dem Zuspruch Jesu stellte. Heil, das über Heilung hinausgeht, – Frieden mit Gott – finden wir nur, wenn wir uns von Jesus ansprechen lassen.

Der evangelische Patient

Der wichtigste Auftrag der Kirche ist es, Berührung und Begegnung mit Jesus Christus zu ermöglichen. In der Berührung mit Jesus werden Menschen gesund. In der Begegnung mit ihm erfahren sie Heil. Eine Kirche, die beides nicht mehr ermöglicht, ist nicht mehr Kirche. Sie kann sich noch so wichtigen Aufgaben widmen, noch so eindrucksvolle Rituale feiern und noch so bedeutsame Worte von sich geben: Sie verfehlt ihre eigentliche Berufung, wenn in alledem nicht immer wieder Menschen in Kontakt mit Jesus kommen. Die These dieses Kapitels ist, dass solch eine Berührung und Begegnung in unserer Kirche Gott sei Dank zwar immer wieder, aber doch viel zu selten geschieht.

Während wir dieses Buch schreiben, setzt sich unsere Kirche intensiv mit der Tatsache auseinander, dass die Kirchenaustrittszahlen ein neues Rekordhoch erreicht haben. Und sie überlegt, welche Maßnahmen sie ergreifen kann, dem entgegenzusteuern. Aber die entscheidende Frage wird viel zu selten diskutiert: Wie kommen Menschen in Berührung und Begegnung mit Jesus Christus? Denn so viel wird man sagen können: Äußere Reformen werden die Kirche nicht retten und haben es noch nie getan. Die eigentliche Frage lautet nicht: » Wie können wir die Kirchenaustritte vermindern «, » Wie können wir die Jugend besser einbinden? « oder » Wie können wir mit der digitalen Entwicklung Schritt halten? « Sie lautet vielmehr: » Wie können wir die Menschen in die Begegnung mit Jesus Christus führen? « Auch diese Frage braucht strukturelle Antworten, aber sie ist im Kern eben nicht strukturell, sondern spirituell.

Selbst die besten Strukturen werden nichts bringen, wenn diese Frage nicht in uns brennt. Und umgekehrt: Wenn es wirklich dieser Inhalt ist, der uns bewegt, kommen wir im Zweifelsfall auch mit sehr unzulänglichen Strukturen zurecht. Paulus sagt: » Wir haben aber diesen Schatz in irdenen Gefäßen, auf dass die überschwängliche Kraft von Gott sei und nicht von uns « (2. Korinther 4,7).

Unsere erste Aufgabe ist und bleibt, uns um diesen Schatz zu kümmern. Die Suche nach einem angemessenen Gefäß für diesen Schatz ist durchaus wichtig, aber sie darf nicht zum Selbstzweck geraten.

Eine »Ehe ohne Berührung«

»*Wir führen eine Ehe ohne Berührung.*« Diesen schrecklichen Satz sagte mir vor Jahren eine Frau in der Seelsorge. Dabei funktionierte diese Ehe in vielerlei Hinsicht besser als viele andere. Sie war eine von Respekt getragene Gemeinschaft, die miteinander die Herausforderungen des Alltags anging und auch ordentlich bewältigte. Man konnte schon fast von einem »Vorzeige-Ehepaar« sprechen – nur eben ohne Berührung. Es wunderte mich nicht, dass diese Ehe auseinanderging, sobald die Kinder größer wurden.

Physiologisch erfolgen Berührungen über den tastenden Sinn unserer Haut – und gehen mitunter auch »unter die Haut«. Solche Berührungen sind darum zwar eine sinnliche Erfahrung, reichen aber gleichzeitig über das Materielle hinaus. Zumindest tragen sie dieses Potenzial in sich. Wie ich schon sagte: Es gibt einen Unterschied zwischen Berührung und Berührung. Hunderte Mal am Tag stoßen wir mit unserer Haut an einen Gegenstand oder einen anderen Menschen, ohne dass uns das unter die Haut ginge: »*Tausendmal berührt, tausendmal ist nichts passiert.*« Und doch geschieht es immer wieder, dass Berührungen etwas mit uns machen: dass sie uns öffnen, hellwach machen, erschauern lassen (»Gänsehautmomente«), dass sie uns verzaubern und verwandeln. Auch andere sinnliche Eindrücke als die bloß ertasteten können in diesem Sinne

»berühren«: zum Beispiel Bilder oder Töne. Auch hier kann es passieren, dass uns ein sinnlicher Eindruck unter die Haut geht.

Mitunter ist das nicht ganz ungefährlich, denn leider gibt es dies alles auch in negativer Hinsicht: bei übergriffigen, ungewollten und gewaltsamen Berührungen, Tönen und Bildern. Doch ebenso wie ein möglicher Missbrauch in der Ehe kein Argument für eine »Ehe ohne Berührung« ist, sollte uns ein auch in spiritueller Hinsicht möglicher Missbrauch zwar achtsam werden lassen, er darf aber kein Argument dafür sein, sich mit der Frage nicht mehr zu beschäftigen. Es gibt nämlich nicht nur »Ehen ohne Berührung«, sondern leider auch jede Menge Religionsbetrieb ohne echte Berührung: Andachten, Gottesdienste, Predigten, Verlautbarungen, Veranstaltungen, Aktivitäten und vieles andere mehr. Auch hier machen viele die Erfahrung: »*Tausend Mal berührt, tausend Mal ist nichts passiert*« – und treten dann irgendwann aus der Kirche aus.

Wir – die Autoren dieses Buches – waren viele Jahre in Gemeinden tätig, die sich in hohem Maße darum gekümmert haben, kirchendistanzierten Menschen wieder einen neuen Zugang zum christlichen Glauben zu ermöglichen. Zahllose Gespräche haben uns davon überzeugt, dass diese Leute nicht einfach »gottlos« oder religiös desinteressiert sind. Das Gegenteil ist der Fall: Sie sind spirituellen Fragen gegenüber oft sogar hochgradig aufgeschlossen. Sie sehnen sich danach, Gott als aktive, relevante Größe in ihrem Leben zu erfahren. Aber sie erleben es nicht: nicht in ihrem Alltag und leider auch nicht in der Kirche. Die meisten Menschen haben durchaus Erfahrungen mit der Kirche bzw. mit christlichen Aktivitäten gemacht. Aber diese haben sie nicht berührt. Sie sind ihnen nicht unter die

Haut gegangen. Sie haben bei alledem nicht den Eindruck, Gott wirklich begegnet zu sein. Da gab es keine Berührung und schon gar keine Begegnung. Und das Erschreckende ist, dass es mittlerweile mehr und mehr engagierte Christinnen und Christen gibt, denen es genauso ergeht. Sie leben bzw. erleben ein »Christsein ohne Berührung« – und das leider allzu oft inmitten der Kirche.

Nur Berührte können berühren

Es ist eine Grundthese dieses Buches, dass Kirche nur Heilung vermitteln kann, wenn sie zuvor selbst Heilung in Anspruch genommen hat. Sonst werden wir – mit den Worten Jesu zu sprechen – zu »*blinden Blindenführern*« (Matthäus 15,14). Im Fall unserer Geschichte bedeutet das: Wir können Menschen nur zu einer Gottesberührung verhelfen, wenn wir selber von Gott berührt wurden. Zwar hat Gott auch andere Möglichkeiten, Menschen zu berühren, aber es ist ganz offensichtlich sein bevorzugter Weg – und vor allem ist es unser Auftrag als Kirche, Menschen zu einer Gottesberührung zu verhelfen. Und das geschieht am authentischsten, indem wir sie spüren lassen, wie sehr wir selbst berührt sind.

Am Ende der Bergpredigt heißt es, dass die Menschen »außer sich« (so wörtlich) waren, weil sie merkten, dass Jesus »*mit Vollmacht und nicht wie ihre Schriftgelehrten*« lehrte (Matthäus 7,28). Vollmacht bedeutet: Wenn Jesus redete, spürten die Menschen, dass Gott selbst durch ihn sprach. Wenn er handelte, wirkte Gott durch ihn. Wenn Jesus die Menschen segnete, war es, als ob Gott selbst ihnen die Hände auflegte. Wenn er sie berührte, fühlten sie sich von Gott berührt. Warum war das so? Weil Jesus selbst in innigster Weise von Gott berührt war. Weil er immer wieder ins Gebet ging, um aus diesem Gebet heraus zu handeln. Weil er sich immer wieder in die Stille zurückzog, um durch Gebet und Meditation den Herzschlag Gottes zu spüren, sein Herz vor Gott auszuschütten und danach zu fragen, was Gott auf dem Herzen habe. Um die Berührung durch Gott zu erfahren und aus dieser Berührung heraus zu predigen und zu handeln.

Wenn wir als Kirche also berufen sind, im wahrsten Sinn des Wortes »berührend« zu predigen und zu handeln, ist das keine Aufforderung, rhetorisch tief in die Trickkiste zu greifen, unsere Gottesdienste und unser helfendes Handeln möglichst emotional zu inszenieren oder was es an solcherlei Übergriffen mehr gibt. Wozu wir aufgefordert sind, ist, dass wir die Menschen an unserem eigenen Berührt-Sein teilhaben lassen. Leider ist es bis auf den heutigen Tag so, dass wir – gerade in der evangelischen Kirche, die sich sehr stark als »Kirche des Wortes« versteht – Menschen lieber an unserer »Schriftgelehrsamkeit« teilhaben lassen als an unserem persönlichen Berührt-Sein.

Ich (Klaus) war schon viele Jahre Pfarrer, als ein Erlebnis mich dazu führte, meine Art zu predigen auf grundlegende Weise zu verändern. Ich war immer davon ausgegangen, dass ich gut predige, und habe viel Hirnschmalz und Herzblut darauf verwandt, meine Predigten vorzubereiten. Doch eines Tages kam ein Gemeindeglied zu mir und sagte: »*Klaus, du lässt uns Woche für Woche einen tiefen Blick in deinen Kopf werfen: in deine Gedanken, deine Theologie. Und das finden wir wunderbar. Aber ...*« – und hier zögerte mein Gesprächspartner – »*... wir würden so gerne einmal einen Blick in dein Herz werfen.*« Als ich das hörte, spürte ich instinktiv: »*Der Mann hat recht. Ich muss etwas an meiner Art zu predigen ändern.*«

So habe ich mir an jenem Sonntagmorgen versprochen: Ich werde fortan nie wieder eine Predigt halten, in der die Menschen nicht auch einen Blick in mein Herz werfen können; in das, was mich umtreibt, was mich bewegt, was mich berührt. Die Folgen dieses denkwürdigen Sonntags waren immens. Es war eine Veränderung an einer relativ kleinen Stellschraube, die aber den Charakter unserer ganzen Gemeinde und Gemeindearbeit revolutionierte.

Folgerungen für unsere kirchliche Praxis

Für unsere kirchliche Praxis lässt sich aus der Geschichte von der blutflüssigen Frau eine Vielzahl von Folgerungen ableiten. Ich greife nur drei davon heraus:
1. Aus welchen Gründen Menschen auch immer zu uns kommen – heißen wir sie willkommen! Sie kommen nur selten, weil sie eine persönliche Beziehung zu Jesus suchen. Sie kommen vielmehr, weil sie die Musik anspricht, weil der Kirchenraum in ihnen Erinnerungen wachruft, weil sie Geselligkeit suchen oder was auch immer. Nicht selten tragen sie in sich einen Kummer, eine Sorge oder ein Problem, aber das würden sie niemandem zeigen. Unsere Geschichte lehrt uns, dass das völlig okay ist. Jesus akzeptiert diese Frau mitsamt ihren abergläubischen Vorstellungen und ihrem mühsam verborgenen Geheimnis. Und legt gerade damit – durch seine bedingungslose Akzeptanz – den Grundstein zu ihrer Heilung. Auch wir tun gut daran, Menschen in unserer Mitte so zu akzeptieren, wie sie sind: mit ihren Fehleinschätzungen, ihren Fehlern und Makeln, ihren Ängsten und Abgründen. So paradox es klingt: Sie werden sich nur ändern, wenn wir sie nicht ändern wollen.

Alles, worauf es ankommt, ist, dass wir ihnen durch unsere bedingungslose Annahme helfen, dass sie in Berührung mit Jesus kommen. Ob und was sich daraus entwickelt, soll nicht unsere Sorge sein.

2. Wir brauchen mehr Berührungen in unseren Gemeinden. Ich erinnere mich, wie mir eine Frau einmal nach dem Gottesdienst sagte: *»Wissen Sie, wenn Sie mir sonntags am Ausgang die Hand geben, ist das der einzige Körperkontakt, den ich die ganze Woche habe.«* Bei ihr hatte das zur Folge, dass sie emotional mehr und mehr verhungerte. Der Mensch füllt seinen »emotionalen Tank« in hohem Maße durch Berührungen. Deswegen ist es nicht verwunderlich, dass mir bei vielen »lebendigen« Gemeinden, die ich im Lauf der Jahre kennengelernt habe, der ausgesprochen körperliche Umgang der Menschen untereinander aufgefallen ist: Man umarmt sich, gibt sich die Hand, berührt im Gespräch kurz den Arm des anderen, knufft sich, gibt sich »High-five« usw. Einige dieser Gemeinden haben überdies eine ausgeprägte Praxis der persönlichen Segnung in Gottesdienst, Gruppen und Seelsorge. Manche wollen das nicht und niemand sollte moralisch unter Druck gesetzt werden, sich an einer solchen Praxis zu beteiligen. Aber viele Menschen, vielleicht sogar die meisten, lechzen danach. Und wenn Pandemien so etwas erschweren, lassen sich auch andere Formen finden, um Nähe und Berührung auszudrücken.

3. Wir brauchen mehr Körperlichkeit. Vor einiger Zeit waren meine Frau und ich sonntagsmorgens im Fitnessstudio. (Keine Sorge, an diesem Tag fand der Gottesdienst am Abend statt.) Vor dem Laufband waren Großbildschirme aufgebaut. Einer davon zeigte die Übertragung eines evangelischen Gottesdienstes, der

andere einen Musik-Clip, in dem Menschen ausgelassen eine Party feierten. Der Kontrast dieser beiden Kulissen war frappant: auf dem einen Bildschirm lauter bunt gekleidete Menschen, die lachten, klatschten und tanzten, auf dem anderen mehrere in Reihen stehende oder sitzende Menschen, die mit dem Gesangbuch in der Hand ziemlich reg- und emotionslos den Mund auf und zu machten (der Ton war abgestellt). Und auch die schwarzgekleidete Pfarrerin zeigte kaum ein Lächeln. In diesem Moment fiel es mir wie Schuppen von den Augen, wie sehr es unserem Gottesdienst – ja wahrscheinlich allgemein unserer evangelischen Lebensführung – an Körperlichkeit mangelt. Dabei leben wir in einer sehr körperbetonten Welt: Fitness, Wellness und Bewegung stehen bei den Menschen hoch im Kurs. Vielleicht ist das auch eine Art fast schon spiritueller Gegenbewegung zu dem, was die Menschen bei uns vermissen. Die protestantische Konzentration auf das »Wort« hat dazu geführt, dass es bei uns immer nur etwas »auf die Ohren« gibt, die anderen Sinne aber weitgehend ausgeblendet bleiben. An dieser Stelle gegenzusteuern, kommt nicht nur einem ominösen »Zeitgeist« entgegen, sondern entspricht schlicht einem ur-menschlichen Bedürfnis.

Nach der Berührung folgt die Begegnung

Nachdem ich die Wichtigkeit von Berührungen, Körperlichkeit und Sinnlichkeit für unsere Gottesdienste bzw. ganz allgemein für unsere Glaubens- und Gemeindepraxis hervorgehoben habe, ist dieser letzte Gedanke ebenso wichtig: Wir dürfen an diesem Punkt nicht auf halbem

Wege stehen bleiben. So wichtig Berührungen auch sind: Sie sind in unserer Geschichte wie auch im richtigen Leben nur der Ansatzpunkt bzw. die Durchgangsstation zu dem Eigentlichen: zur Begegnung. Berührungen in der Gemeinde sind kein Selbstzweck. Sie müssen transparent bleiben dafür, dass Gott selbst durch unsere Berührung in Kontakt mit den Menschen um uns herum kommen möchte.

Zwar können Berührungen selbst schon Heilung bringen. Was Jesus aber darüber hinaus vermitteln möchte, ist Heil. Und dieses Heil erwächst allein aus der persönlichen Begegnung mit ihm bzw. dem lebendigen Gott. Ein berührender Gottesdienst, der ein Fest für die Sinne ist und der einen an Leib, Geist und Seele anspricht, ist etwas Wunderbares. Aber es braucht darüber hinaus das Angebot, in eine persönliche Begegnung mit Gott zu kommen. Die helfende Hand in der Diakonie lindert, tröstet und heilt von vielerlei Gebrechen. Aber auch da ist es gut, wenn wir den Menschen das Entscheidende nicht versagen, sondern ihnen durch Bibelworte, Gebete und persönliches Zeugnis die Möglichkeit eröffnen, Gott zu begegnen. Gesundheit und Heilung sind wichtig. An diesem Satz ist nicht im Geringsten zu zweifeln. Aber das Heil, der durchs Leben und Sterben hindurchtragende Frieden mit Gott, erwächst allein aus einer persönlichen, von Liebe und Vertrauen geprägten Beziehung zu Gott.

Es kam zu Jesus ein Aussätziger, der bat ihn, kniete nieder und sprach zu ihm:»Willst du, so kannst du mich reinigen.«Und es jammerte ihn, und er streckte seine Hand aus, rührte ihn an und sprach zu ihm:»Ich will's tun; sei rein!«Und alsbald wich der Aussatz von ihm, und er wurde rein. Und Jesus bedrohte ihn und trieb ihn alsbald von sich und sprach zu ihm:»Sieh zu, dass du niemandem etwas sagst; sondern geh hin und zeige dich dem Priester und opfere für deine Reinigung, was Mose geboten hat, ihnen zum Zeugnis.«Er aber ging fort und fing an, viel davon zu reden und die Geschichte bekannt zu machen, sodass Jesus hinfort nicht mehr öffentlich in eine Stadt gehen konnte; sondern er war draußen an einsamen Orten; und sie kamen zu ihm von allen Enden.

6. Wie sind wir ins Abseits geraten?
Die Heilung eines Aussätzigen - Markus 1,40-45

In dieser Geschichte von der Heilung eines Aussätzigen geht es darum, dass ein Kranker gesund wird – natürlich, wie könnte es anders sein. Aber für jede antike Hörerin und jeden Hörer rückt dabei ein Aspekt in den Vordergrund, den wir als neuzeitliche Rezipienten auf den ersten Blick vermutlich gar nicht wahrnehmen: Das alles bestimmende Thema dieser Erzählung lautet nämlich Nähe und Distanz, Distanz und Nähe! Und damit spitzt die Geschichte das, was die»Blutflüssige Frau«erlebt, noch zu.

»Aussätzige«werden ja so genannt, weil sie»ausgesetzt«und damit nicht mehr als Teil der Gesellschaft angesehen wurden. Ihr eigentliches Problem bestand nicht in der Erkrankung ihrer Haut, sondern darin, unerwünscht zu sein: Ein Unreiner durfte nicht mehr in der Nähe der

»gesunden« Gemeinschaft leben, sondern nur noch in Distanz. Sozusagen die Verurteilung zu einem lebenslangen »social distancing«. Deshalb wünscht sich dieser Kranke von Jesus nicht nur, gesund zu werden, nein, er will »rein« werden. Kurz gesagt: Er will wieder dazugehören und die Distanz, die zwischen ihm und dem Rest der Bevölkerung entstanden ist, endlich überwinden.

Wenn man das weiß, wird sofort ersichtlich, wie viele Tabubrüche schon in den ersten Sätzen dieser Geschichte beschrieben werden. Allein die Worte *»Es kam zu ihm ein Aussätziger«* waren für orientalische Hörerinnen und Hörer eine unfassbare Provokation. Aussätzige durften sich anderen Menschen nämlich überhaupt nicht nähern. Wenn sie es doch taten, wurden sie normalerweise direkt gesteinigt. Verständlicherweise: Sie konnten ja andere mit ihrer meist tödlich endenden Krankheit anstecken. Dieser kranke Mann bringt also sich selbst und Jesus mit dessen Anhängerschar in Lebensgefahr. Da blieb jedem antiken Zuhörenden die Spucke weg: Los, lasst uns die Steine holen!

Aber das ist erst der Anfang! Dass Jesus diesen infektiösen und dreisten Kerl, der kurzerhand mehrere biblische Gebote zum Umgang mit Aussätzigen übertritt, dann auch noch persönlich anfasst, dass er ihn berührt, das schlägt dem Fass endgültig den Boden aus. Ja, sind denn jetzt alle wahnsinnig geworden? Einen Aussätzigen anfassen! Einen Todkranken berühren! Einen Distanzierten an sich ranlassen! Wie blöd kann man denn sein? Oder wie göttlich muss man sein, um das zu wagen?

Wie dem auch sei: In wenigen Zeilen werden hier alle antiken Konventionen zum Umgang mit Nähe und Distanz über den Haufen geworfen. Dass der Aussätzige am Ende geheilt wird, ist ein erfreulicher Kollateralnutzen.

Verwirrt, erbost oder aufgerüttelt hat die Hörerinnen und Hörer dieser Erzählung aber die Tatsache, dass hier eine schmerzhafte, durch religiöse Vorschriften geregelte Distanz durch liebevolle Nähe überwunden wird. Der Kranke wagt es, die gesellschaftlich etablierten Distanzregeln zu überwinden – und Jesus wagt es, den »Unberührbaren« zu berühren und dadurch die Distanz seinerseits aufzuheben. Heilung durch Aufeinander-Zugehen!

Es könnte sein, dass diese Geschichte für die Anamnese des »evangelischen Patienten« von zentraler Bedeutung ist: Einerseits haben nämlich immer mehr Menschen den Eindruck, dass sich die Kirche von ihnen entfernt, also distanziert, andererseits zeigt eine Allensbach-Umfrage von 2019: »*Die Gläubigen distanzieren sich zunehmend von der Kirche*«. Sprich: Zurzeit bewegen sich beide voneinander weg. Es mag hart klingen, aber für die Mehrheit der deutschen Bevölkerung ist die Evangelische Kirche einfach unglaublich weit entfernt. Beziehungsweise: Sie spielt keine Rolle mehr in ihrem Leben. Sie mag da irgendwo im Lager der Aussätzigen vor sich hinvegetieren, aber wir lassen sie nicht mehr an uns ran.

Deshalb müsste die Aussage des Aussätzigen »*Willst du, so kannst du mich reinigen*« ein Herzensanliegen der Evangelischen Kirche werden: »*Gott, hilf uns, all das zu überwinden, was uns von den Menschen trennt. All das, was dazu führt, dass wir nicht mehr nah bei den Menschen sind, sondern oftmals in einer unerträglichen Distanz.*« Eine Bitte, die auch deutlich macht, dass der so gerne genutzte Begriff »Kirchendistanzierte« möglicherweise ganz irrtümlich gebraucht wird: Vielleicht haben sich gar nicht die Menschen von der Kirche distanziert, vielleicht hat sich die Kirche im Lauf der Jahre immer mehr von den Menschen distanziert? Wobei es schon genügt, wenn sich die Gesellschaft in ihren Kommunikationsformen weiterentwickelt, die Kirche aber in ihren eingefahrenen Gleisen steckenbleibt. Nebenbei: In England redet man auch gerne davon, dass sich im Lauf der Zeit »der Kontinent von der Insel« distanziert habe. Wobei dies immerhin mit einem Augenzwinkern geschieht.

Prüfen wir doch mal ehrlich, welche Menschengruppen in unserer Kirche gar nicht mehr vorkommen, welche Personen und Frömmigkeitsrichtungen wir in der Evangelischen Kirche irgendwie zu »Aussätzigen« erklärt haben, welche Menschen in unserer typischen Mittelstandskirche keinen Platz finden ... und bei welchen Leuten wir vielleicht sogar ganz froh sind, dass sie nicht in unseren Gottesdiensten und Veranstaltungen auftauchen? Und kontrastieren das bitte einmal mit den Menschen, die sich im Umfeld und Gefolge Jesu aufhielten: einfache Menschen, Ungebildete, Arme, Entrechtete, jede Menge physisch und psychisch Kranke, Römerfreunde und Römergegner (wir würden heute vielleicht von Rechts- und Linksradikalen sprechen) sowie Vertreterinnen und Vertreter verschiedener theologischer Flügel, die sich trotz gegensätzlicher Positionen an dem einen Tisch Jesu versammelten.

Wen haben wir im Kontrast dazu in unserer wohltemperierten Kirche – zu der wir durchaus auch uns selbst zählen – alles »ausgesetzt«? Wie kommt es, dass wir von den vielen unterschiedlichen Milieus unserer Gesellschaft (die in den letzten 20 Jahren sehr genau definiert wurden) gerade mal noch zwei erreichen, während zu den anderen unsichtbare, aber scheinbar auch unüberwindbare Schranken des Nichtverstehens, der Distanzierung und der Nicht-Berührung bestehen? Nur dass die, die wir derart »ausgesetzt« haben, anders als zur Zeit Jesu nicht eine kleine, bedauernswerte Minderheit, sondern die Mehrheit unserer Bevölkerung sind. So, dass wir schon fragen müssen: Wer ist hier eigentlich der oder die Aussätzige? Es lohnt sich deshalb, dieser Heilungsgeschichte aus dem Markusevangelium auf den Grund zu gehen. Weil sie ein Phänomen aufzeigt, das wir allzu lang vernachlässigt haben – und weil sie auch in der Überlieferung eine herausragende Rolle spielt: In der Parallelüberlieferung des Matthäusevangeliums steht sie nämlich direkt hinter der Bergpredigt, so, als würde in der Genesung des ausgestoßenen Kranken all das exemplarisch umgesetzt, was Jesus vorher so anschaulich ausgeführt hat: Menschenverachtende Distanz kann nur durch menschliche Nähe überwunden werden.

Von der Herausforderung, Grenzen zu überwinden

Wissenschaftler gehen heute davon aus, dass der »Aussatz«, unter dem der Kranke damals litt, nicht der Form von Lepra entspricht, wie wir sie heute kennen. Vermutlich ging es eher um eine schwere Hautkrankheit, die auch die Gelenke befällt und so zu schrecklichen Entstellungen führte – und oft auch zum Tod. Und weil die Inkubationszeit des »Aussatzes« mehrere Jahre betrug, so dass man die Infektionsketten kaum nachvollziehen konnte, wurden die Erkrankten sofort in die völlige Isolation geschickt. Sie waren nicht mehr willkommen und gehörten nicht mehr dazu. Ja, weil man das genaue Krankheitsbild nicht verstand, bezog man in dieses Vorgehen in der Regel gleich alle mit ein, deren Haut ungewöhnliche Veränderungen aufzeigte. Auch vergleichsweise harmlos Erkrankte wurden vorsichtshalber mit in die Verbannung geschickt.

Die radikale Absonderung warf diese Menschen nicht nur in bittere Not, sie war vor allem ein beschämender Makel. Die Betroffenen wurden nämlich sowohl aus der sozialen als auch aus der kulturellen Gemeinschaft ausgeschlossen. Sie durften weder im Tempel noch in den Dörfern auftauchen und mussten von den Almosen leben, die man ihnen vor die Stadt bzw. vors Dorf stellte. Im Buch Levitikus heißt es dazu: »*Wer aussätzig ist, soll zerrissene Kleider tragen und das Haar lose und den Bart verhüllt und soll rufen: ‚Unrein, unrein!‘ Und solange die Stelle an ihm ist, soll er unrein sein, allein wohnen, und seine Wohnung soll außerhalb des Lagers sein.*«

Das bedeutete auch: So eine Diagnose hatte verheerende Folgen. Ehepartner – auch Frauen, denen das normalerweise nicht erlaubt war – durften sich von einer oder einem Betroffenen sofort scheiden lassen. Wenn Kranke ein Haus betraten, galt das gesamte Haus als kontaminiert und musste umständlich kultisch gereinigt werden. Und jeder Aussätzige musste sich auf weite Entfernung hin (»Distanz«) durch sein Aussehen und lautes Rufen als Ausgestoßener outen: »*Unrein, unrein!*« Auf Deutsch: »*Ich bin nicht okay! Macht einen großen Bogen um mich!*« Was muss in einem Menschen vorgehen, der dieses über sich selbst sagen muss? Wie oft kann er es laut wiederholen, ohne es am Ende selbst zu glauben?

Bedauerlicherweise tauchte in der Volksreligiosität zudem bald der Gedanke auf: Wer unter dem »*Tyrannen aller Krankheiten*« – so nannte man den Aussatz – leidet, der ist garantiert selbst schuld daran, der wird eben von Gott für seine Sünden bestraft. Somit musste der Kranke auch jede Hoffnung auf himmlisches Heil aufgeben. Da erstaunt es nicht, dass Aussätzige juristisch als tot galten. Dementsprechend wurde die Gesundung eines Aussätzigen im 1. Jahrhunderts nicht nur als schlichte Heilung, sondern als Auferstehung eingestuft. Wir werden in unserer Geschichte quasi zu Zeugen einer Auferstehung ... durch Nähe. Was als tot galt, kann wieder anfangen zu leben, wenn echte Nähe hergestellt wird. Wenn das nicht verheißungsvoll ist!

Wie schon erwähnt, besteht die eigentliche Überraschung dieser Geschichte erst einmal darin, dass weder der Kranke noch Jesus sich in irgendeiner Weise an biblische oder gesellschaftliche Vorgaben halten. Ihnen ist es völlig egal, was andere über sie denken und welches Risiko sie eingehen. Ja, sie nehmen sogar einen öffentlichen Tumult in Kauf, weil sie eine Nähe inszenieren, die für die meisten antiken Menschen ein Gräuel war. Darum vermuten viele Interpreten dieses Textes sogar, dass in der Geschichte nur deshalb keine weiteren Personen auftauchen, weil diese vor lauter Entsetzen abgehauen sind. Die Jünger: einfach weggerannt. Aus Angst.

Markant ist zudem, dass der Aussätzige nicht etwa eine Bitte um Heilung ausspricht, sondern eher ein Bekenntnis: »*Willst du, so kannst du mich reinigen.*« Das ist eine christologische Aussage: »*Ich glaube, ja, ich weiß, dass du, der Sohn Gottes, das kannst. Die Frage ist nur: Willst du auch?*« Ein besorgtes Statement, das bei jemanden, dem alle einreden, er sei an seinem Leiden selbst schuld, eine nachvollziehbare Feststellung ist.

Zugleich steckt in dieser Aussage aber auch ein Vertrauen, das noch 2000 Jahre später vorbildlich ist. Wir haben das oben schon erwähnt, aber man kann die Frage nicht oft genug stellen: Glauben wir – als Christinnen und Christen, als Evangelische Kirche – wirklich noch, dass Jesus uns heilen kann, wenn er nur will? Oder gehen wir längst davon aus, dass wir uns als Kirche selbst retten müssen? Beziehungsweise: Handeln wir nicht ständig so, als läge das Heil der Institution ausschließlich in unserer Hand? Natürlich sprechen wir viel von Gott und Gottes Hilfe. Aber glauben wir wirklich daran, dass Gott machtvoll in unsere Situation eingreift und hilft? Oder hat sich nicht auch in der Kirche weitgehend die Überzeugung durchgesetzt, dass der liebe Gott die Welt und die Menschen geschaffen und uns ein paar Gebote gegeben hat – und uns darüber hinaus weitgehend uns selbst überlässt?

Zumindest wenden sich erstaunlich wenige aktuelle Gebete an Jesus, sondern meist nur allgemein an »Gott«. Liegt das vielleicht auch daran, dass »Jesus« übersetzt »Gott hilft« bedeutet – und wir eben diese Hilfe von Gott gar nicht mehr erwarten? Vielleicht ist das überinterpretiert, aber wir vermeinen, in den letzten Jahren ein deutliches Christologie-Defizit innerhalb der Evangelischen Kirche wahrzunehmen. Wir reden durchaus noch von Gott, von Jesus aber nur noch als einem ethischen Vorbild für unser eigenes Handeln. Dass Jesus die wirkmächtige Hilfe Gottes für uns ist, davon reden unsere Gebete und redet unsere Theologie derzeit merkwürdig wenig.

Darum besitzt die Erklärung, »*Ich glaube, dass du, Jesus, mich reinigen kannst!*«, eine solche Stärke. Sie macht deutlich, dass die Nähe zu Gott, die sich der Kranke so sehnsüchtig erhofft, in ihm – Jesus – trotz aller von außen auferlegter Distanz noch vorhanden ist. Er ist voller Vertrauen. Und nur, weil er überzeugt ist, dass Jesus ihn heilen kann, erlaubt er sich auch, über die Stränge zu schlagen und einen echten Veränderungs-Prozess anzustoßen. Er denkt »outside the box«, er tritt aus der ihm gesellschaftlich zugewiesenen Rolle heraus und wagt mutig einen Neuanfang.

Jesus seinerseits zeigt dem Kranken mit der symbolischen Geste der Berührung: »*So wie du in deinem Wunsch nach Heilung alle Warnungen in den Wind geschlagen hast und dein Leben riskierst, so mache ich das auch. Ich berühre dich, einen Aussätzigen, mit meiner Hand. Damit breche ich nicht nur die Gesetze, ich stelle ein ganzes religiöses System auf den Kopf. Aus dem einzigen Grund, damit du gesund wirst.*«

Offensichtlich sind all die kulturellen Gebote, die Distanz herstellten und forderten, für Jesus auf einmal obsolet. Und weil dieses Bild so markant ist, kann man das Geschehen getrost in einem Satz zusammenfassen: Berührung ist die Antwort auf das Distanzproblem. Dass Jesus seine Tat nebenbei auch noch mit den Worten »*Ich will's, sei rein*« bekräftigt, wäre eigentlich gar nicht mehr nötig gewesen. Die Berührung sagt alles.

Damals musste allerdings jede Heilung von einem Priester bestätigt und durch eine kultische Reinigung besiegelt werden. Deshalb schickt Jesus den Geheilten in die Synagoge: Die Öffentlichkeit soll wahrnehmen, dass die Distanz aufgehoben wurde. Doch der ehemals Aussätzige macht noch viel mehr: Er fängt an, überall von seiner Heilung zu schwärmen. So sehr, dass Jesus sich fortan nicht mehr so einfach in der Öffentlichkeit zeigen kann, weil ständig weitere Kranke zu ihm strömen.

Der evangelische Patient

Vielleicht fragen Sie: Ist die Kirche heute wirklich so sehr in Distanz zu den Menschen gegangen? Wir würden sagen: Ja. Das soll natürlich keine völlig verallgemeinernde Aussage sein. In vielen Seelsorgegesprächen zum Beispiel findet eine wunderbare Nähe statt – Gott sei Dank! Trotzdem behaupten wir: In ihrem Wesen und ihren Erscheinungsformen hat sich die Kirche weit von den Menschen unserer Zeit entfernt – und in Folge dessen die Menschen von der Kirche. Dass dem so ist, machen schon scheinbar triviale Äußerlichkeiten deutlich.

Mal ein Beispiel: Es ist natürlich ein Zeichen von Distanz, wenn Menschen im Gemeindebrief zum *»Gottesdienst am 14. Sonntag nach Trinitatis«* eingeladen werden. Mal ehrlich: Warum sollte da jemand hingehen? Die meisten wissen ja nicht mal, wer dieser Trinitatis überhaupt ist. Es zeugt auch von Distanz, wenn ein *»Gottesdienst zu 1. Kor. 4«* angeboten wird. Solche Kürzel sind heute nur noch absoluten Insidern vertraut. Und es ist ein ultimativer Ausdruck von Distanz, wenn ich erwarte, dass jeder Gast bei einer Konfirmation oder einer Taufe weiß, dass er auf *»Der Herr sei mit euch!«* mit dem Satz *»Und mit deinem Geist«* antworten soll. Und das auch noch in gesungener Form und mit einer Melodie, die er in der Regel nie zuvor gehört hat.

Genauso drückt es große Distanz aus, wenn ich Kirchenlieder vorschlage, deren Texte selbst Sprachwissenschaftler kaum noch verstehen. Oder wissen Sie, was mit *»Du bist mit Gaben siebenfalt der Finger an Gottes rechter Hand«* genau gemeint ist? Ohne es bewusst wahrzunehmen, nutzen wir andauernd Sprachspiele, die niemandem mehr vertraut sind. Es ist noch nicht lange her, da habe ich (Fabian) ernsthaft in einer Predigt als Einstieg den Satz gehört: *»Bei der Exegese der Perikope aus den Synoptikern wurde mir folgendes deutlich ...«* – Hä? Wer das hört und nicht versteht, fühlt sich wie ein Aussätziger! Oder er denkt: *»Diese Kirche hat wirklich gar nichts mehr mit mir zu tun!«*

Noch ein Beispiel: Erklären Sie bitte mal einem Nicht-Kirchenmenschen ernsthaft, warum die Konfessionen seit 500 Jahren verbissen darüber streiten, ob Katholiken und Evangelische gemeinsam das Abendmahl miteinander teilen können – das »Mahl der Gemeinschaft der Glaubenden«, das Jesus sogar mit seinem Verräter Judas gefeiert hat. Und die angeblich von Nächstenliebe geprägten Christinnen und Christen bekommen es nicht hin. Ja, finden wir irgendein nachvollziehbares Argument dafür, dass mitunter sogar Evangelische sich gegenseitig das Abendmahl verweigern, weil die einen glauben, dass Brot und Wein Leib und Blut Jesu »sind«, während die anderen denken, dass sie nur Leib und Blut »bedeuten«? Wie bescheuert ist das denn? Anders ausgedrückt: Das ist eine fremde und wirre Parallelwelt, die nichts mit dem Rest der Gesellschaft zu tun hat.

Auf dem Frankfurter Hauptfriedhof halte ich gelegentlich Beerdigungen, bei denen von 60 Gästen auf die Aufforderung »*Lassen Sie uns das Vaterunser beten!*« gerade noch zwei mitsprechen können, während die anderen betreten auf den Boden starren: »*Achtung! Nur nicht zu nahe kommen.*« Oder achten Sie mal darauf, wie Pfarrerinnen und Pfarrer in Filmen und Serien dargestellt werden. Nach unserer Beobachtung sind das selten begeisternde, überzeugende Persönlichkeiten, mit denen man gerne mal ein Glas Wein trinken würde, sondern fast immer in Ritualen gefangene Langweilerinnen und Langweiler. Natürlich wissen wir, dass diese Klischees ausgesprochen fies und ungerecht erscheinen, aber wir fragen uns: Woher kommt dieses Bild?

Mag sein, dass das alles nur Äußerlichkeiten sind, aber sie stehen für eine tiefergehende Entfremdung. Kirchendistanzierte fühlen sich bei uns nicht willkommen und haben auch nicht den Eindruck, es wäre Platz für sie. Oder aber: Wir sind die Aussätzigen, die sich durch ihr Verhalten vom Rest der Gesellschaft distanzieren und in einer Parallelwelt leben. Ist doch so: Nach wie vor erwarten wir, dass jemand, der an Gott und Glauben interessiert ist, sich zuerst eine liturgische Kultur aneignet, die mit seiner realen Lebenswelt nur noch sehr bedingt zu tun hat. Natürlich gibt es inzwischen Ansätze für neue Gottesdienstformen, doch im Kopf der meisten Kirchenleute herrscht immer noch der Gedanke »One size fits all« (»Eine Form passt für alle«). Und wer diese Form nicht mag oder nicht versteht, wird faktisch ausgeschlossen. Wobei wir fröhlich weiter behaupten, unsere Gottesdienste seien doch für alle da. Das ist ähnlich überzeugend wie die Erklärung eines Metzgers, sein Angebot sei auch für Vegetarier da.

Dabei wäre es so einfach, im Gemeindebrief statt »*Gottesdienst am 14. Sonntag nach Trinitatis*« zu schreiben: »*Gottesdienst zum Thema: Wie kann mir mein Glaube helfen, ein Burnout zu vermeiden?*« Und es ist auch nicht so schwer, die im Gottesdienst vorherrschenden Formen dem Lebensgefühl der Menschen anzupassen, statt ernsthaft zu erwarten, dass sie sich auf kulturelle Gewohnheiten vergangener Zeiten einlassen.

Nähe muss man pflegen

Wir wissen nicht, wie es bei Ihnen ist, aber wir erleben, dass die wesentlichen Äußerungen der Gemeinde nach wie vor ausschließlich auf einer Komm-Struktur aufbauen, also nach dem Motto funktionieren: »*Wir holen die Leute genau da ab, wo wir stehen!*« Als ich einen befreundeten Pfarrer ein Jahr nach seiner Pensionierung gefragt habe, was sich in seinem Leben geändert hat, war seine Antwort: *»Kirche kommt in meinem Leben nicht mehr vor. Wenn ich nicht selbst ab und an aktiv würde, hätte ich überhaupt keinen Kontakt mehr.«* Sprich: Die sind ganz weit weg. Distanz. Tschüss!

Die Geschichte von der Heilung des Aussätzigen sagt uns: Distanz kann nur durch Nähe geheilt werden. Aus diesem Grund wird eine der großen Aufgaben der Evangelischen Kirche in Zukunft darin bestehen, neu darüber nachzudenken, wie sie Nähe herstellen kann. Ja, wie sie, wie der Aussätzige in der Heilungsgeschichte, den Mut entwickeln kann, distanzierende Strukturen zu überwinden und sich neu auf ihre Hoffnung zu besinnen. Hin zu Jesus und hin zu den Menschen: *»Willst du, so kannst du mich reinigen!«* Dabei gewinnt auch der berühmte Satz Dietrich Bonhoeffers ganz neue Brisanz: *»Kirche ist nur Kirche, wenn sie für andere da ist.«* Für andere da sein kann man nämlich nur, wenn man Distanz überwindet. Das bedeutet zugleich: Alles abbauen, was kulturelle, strukturelle und ideelle Hürden aufgebaut hat.

Wir haben schon in zwei Geschichten darauf hingewiesen, welchen Wert Jesus bei Heilungen auf die »Berührung« legt. Das ist auch deshalb wichtig, weil »Berührung« in Israel viel mehr bedeutete als ein Kontakt von Haut zu Haut. Es geht um ein ganzheitliches füreinander Dasein, ein In-Beziehung-Treten. Es geht nicht nur ums »Anfassen«, sondern darum, mein Gegenüber wirklich wahrzunehmen und alles, was mich von ihr oder ihm trennt, zu überwinden. In der deutschen Sprache finden wir dazu die schöne Ambivalenz des Wortes »Begreifen«. Manchmal müssen wir etwas »begreifen« (»berühren«), damit wir es »begreifen« (verstehen).

Deshalb ist die Betonung des Körperkontakts in unserer Geschichte so stark: Als Jesus den Aussätzigen berührt, da begreift er ihn – und umgekehrt. Da wird aus einer Berührung eine Verbindung. Der Kranke verbindet sich mit Gott – und Gott sich mit ihm. Dadurch geschieht Heilung. Und weil dem so ist, hat die Evangelische Kirche eine doppelte Aufgabe: Sie muss sich einerseits selbst wieder berühren lassen – und sie muss andererseits den Menschen solche Kontaktflächen anbieten. Wir brauchen Berührungspunkte, in denen eine Beziehung zwischen Gott und Individuum aufscheint. Das kann nur gelingen, wenn ich auch als Institution ganz nah bei den Menschen bin.

Dabei geht es nicht in erster Linie um großartige neue Konzepte, sondern vor allem um das Gestalten persönlicher Begegnungsräume, in denen jede und jeder Nähe erleben kann, weil sie oder er sich nicht verstellen und verstecken muss. Da, wo ich ganz ich sein kann, kann ich mich auch für Gott öffnen. In echter Gemeinschaft. Vielleicht hat Jesus deshalb so gerne betont, dass er mitten unter den Menschen ist, wenn sie in seinem Namen zusammen essen. Und damit meinte er nicht nur eine trockene Oblate pro Person ...

Tatsächlich lässt sich zeigen, dass weltweit die Gemeinden am vitalsten sind, in denen neben dem Gottesdienst eine lebendige Kultur der Tischgemeinschaft gepflegt wird. Um es auf den Punkt zu bringen: »*Das Christentum ist vom Wesen her keine Sitzungsgemeinschaft, sondern eine Mahlgemeinschaft.*« Mit anderen Worten: Würden wir weniger zusammen in Ausschüssen hocken und mehr zusammen essen und trinken, dann wäre auch dieser Teil unseres Alltags – wie Luther es einmal formuliert hat – »*ein Gottesdienst*«. Ein Raum, an dem wir Nähe erleben – miteinander und mit Gott. Denn stellen Sie sich mal vor, es gelänge uns, immer mehr Aktivitäten in unseren Gemeinden und unserem Privatleben als Gottesdienst zu verstehen, als Kontaktpunkt zum Himmel, dann wären wir auch bereit, uns jederzeit von Gott »berühren« zu lassen, wir würden ihn im Vollzug des Lebens »begreifen«. Solange jedoch bei der Mehrheit der Glaubenden und der Suchenden der Eindruck vorherrscht, Spiritualität würde nur in gewissen kirchlichen »Veranstaltungen« gepflegt, gilt auch: Wenn mir gerade diese Veranstaltungen nicht zusagen, dann bin ich draußen. Aussätzig. Ich gehöre nicht dazu!

Zu einer ehrlichen Anamnese des evangelischen Patienten gehört die Erkenntnis, dass wir die Distanz überwinden müssen: die Distanz zwischen der kirchlichen Kultur und den Menschen bzw. die Distanz zwischen den Kircheninsidern und denen, die nicht berührt werden und sich nicht begriffen fühlen. Gelingen kann das nur mit zwei Kursänderungen: dem prägenden Wunsch, die Menschen nicht nur als Konsumenten unserer Veranstaltungen und Angebote zu sehen, sondern echte Nähe zu ihnen zu suchen – und dem Mut, Kontaktflächen zu entwickeln, durch die Menschen ermutigt und befähigt werden, die Berührung Gottes im Alltag neu wahrzunehmen.

Dass der Aussätzige voller Erwartung auf Jesus zuläuft, ist übrigens ein Signal: »*Obwohl mich die religiösen Traditionen in die Distanz getrieben haben, glaube ich daran, dass der Sohn Gottes Nähe will.*« Wenn es gelänge, dieses Bewusstsein – »*Gott will Nähe*« – in den Gemeinden neu zu entfachen, träfen wir vermutlich auch wieder öfter auf Glaubende, die mutig die tradierten Strukturen hinter sich lassen. Ja, in vielen Gemeinden ist die Kirche zum Synonym für den christlichen Glauben geworden. Das ist sie aber nicht. Sie ist die Institution, die versucht, den Ausdrucksformen des Glaubens einen passenden Rahmen zu geben. Deshalb gilt: Wenn wir das Vertrauen auf Gottes Nähe-Bedürfnis wiedererkennen und ihm Raum geben, verändert sich nach und nach auch die Kirche.

Tröstlich ist die Beobachtung, dass Jesus seinerseits immer wieder Distanz durch liebevolle Berührung aufhebt. Das impliziert zugleich, dass auch die Evangelische Kirche bereit sein muss, sich von Jesus berühren zu lassen, sich von ihm heilen zu lassen. In unserer Geschichte wird dies dadurch angedeutet, dass der Aussätzige vor Jesus auf die Knie fällt. Er beugt sich sozusagen unter der Autorität Christi. Er ist bereit, sich der Reaktion des Himmels auszusetzen.

Viele Ausleger dieser Geschichte weisen darauf hin, dass das Handauflegen Jesu schon damals eine deutliche Aufforderung an die Gemeinden war: *»Habt keine Scheu, euch auch um vermeintlich ›Aussätzige‹ zu kümmern.«* Also um all diejenigen, die gesellschaftlich am Rand stehen. Ein Aspekt, der (wie schon erwähnt) angesichts aller kirchlichen »Milieu-Studien« zum Nachdenken bringt: Warum ist die Kirche eigentlich so oft ein Insiderclub, der allein aufgrund seiner Kommunikationsformen nachweislich viele Bevölkerungsgruppen ausschließt?

Letztlich geht es bei diesen Vorschlägen im Kern darum, die vielen ungeistlichen Distanz-Phänomene in unserer Kirche wahrzunehmen und sie mit neuen Formen der Nähe zu überwinden. So, wie es auch im jesuanischen Bild vom »*Salz der Erde*« deutlich wird: Die Glaubenden und damit die Kirche sollen sich als »Salz der Erde« erweisen, sie sollen die Gesellschaft mit der Botschaft von der Liebe Gottes durchdringen und verändern. Das aber geht nur, wenn die Kirche sich auch in den Alltag und die Lebensgeschichten der Menschen hineinbegibt – indem sie berührt und sich berühren lässt, Teil der Gesellschaft wird und nicht nur Gegenüber, indem sie Nähe wagt.

Wie wesentlich Nähe für die Protestantische Kirche ist, hat die Corona-Pandemie neu deutlich gemacht. Auch und gerade, weil sie der Institution ihre gegenwärtigen Grenzen aufgezeigt hat: Der Gottesdienst alleine reicht nicht als Wesenszug der Kirche. Die Kirche muss neu lernen, Nähe auf allen Ebenen erfahrbar werden zu lassen. Und das ist viel mehr als nur ein sonntägliches ritualisiertes Miteinander. Dann heißt es nämlich auch in Zeiten von (durch Viren oder andere gesellschaftliche Entwicklungen bedingtes) »Social Distancing«: Lasst uns Wege für »Distant Socializing« entdecken.

Als er aus Jericho hinausging, da saß ein blinder Bettler am Wege, Bartimäus, der Sohn des Timäus. Und als er hörte, dass es Jesus von Nazareth war, fing er an zu schreien und zu sagen:»Jesus, du Sohn Davids, erbarme dich meiner!« Und viele fuhren ihn an, er sollte schweigen. Er aber schrie noch viel mehr:»Du Sohn Davids, erbarme dich meiner!« Und Jesus blieb stehen und sprach:»Ruft ihn her!« Und sie riefen den Blinden und sprachen zu ihm: »Sei getrost, steh auf! Er ruft dich!« Da warf er seinen Mantel von sich, sprang auf und kam zu Jesus. Und Jesus antwortete ihm und sprach:»Was willst du, dass ich für dich tun soll?« Der Blinde sprach zu ihm:»Rabbuni, dass ich sehend werde«. Und Jesus sprach zu ihm:»Geh hin, dein Glaube hat dir geholfen.« Und sogleich wurde er sehend und folgte ihm auf dem Wege.

7. Neu sehen lernen
Die Heilung des Blinden von Jericho – Markus 10,46-52

Die Oase Jericho liegt 250 Meter unter dem Meeresspiegel. Und der Aufstieg (mehr als 1000 Höhenmeter) zum 25 Kilometer entfernten Jerusalem ist nicht nur anstrengend, sondern auch eine beliebte Strecke für Raubüberfälle und Wegelagerer. Kein Wunder, dass sich die Reisenden, die im Frühjahr zum Passah-Fest wollen, meist vor dem Stadttor von Jericho versammeln, um den Weg in möglichst großen Gruppen zurückzulegen. Das gibt zumindest ein wenig Sicherheit.

Und bekanntermaßen ist kein Ort besser für einen Bettler geeignet als ein Platz, an dem sich Pilgerinnen und Pilger treffen; religiöse Menschen, die aufgrund der bevorstehenden Feierlichkeiten meist auch noch die Spendierhosen anhaben. Genau darum sitzt der blinde Bartimäus an diesem Morgen vor den Toren Jerichos und bittet die Menschen freundlich um eine milde Gabe. Nicht ahnend, dass er an diesem Tag nicht nur ein paar Münzen für eine warme Mahlzeit, sondern eine neue Lebensperspektive erhalten wird.

Für den Evangelisten Markus ist diese Heilung so zentral, dass er sie wie eine Übergangsgeschichte zwischen die Zeit Jesu in Galiläa und die Passionszeit in Jerusalem packt. Mehr noch: Die Begegnung von Jesus und Bartimäus ist die letzte richtige Wundergeschichte im Markusevangelium, und sie zeichnet sich dadurch aus, dass der Rabbi – anders als sonst – den Geheilten sofort in den Kreis seiner Anhängerinnen und Anhänger aufnimmt. Bartimäus ist also bei den anschließenden Jerusalemer Ereignissen, bei Kreuzigung und Auferstehung, mit von der Partie.

Das ist aber noch nicht alles: Welche Bedeutung diese Geschichte für Markus hat, wird auch daran erkennbar, dass die Blindheit des Bettlers ein unverblümtes Sinnbild für geistliche Blindheit ist. Und wie! Erst kurz zuvor hat Jesus seinen Jüngern nämlich sehr eindrücklich gesagt: *»Ihr habt Augen und seht nicht. Ihr habt Ohren und hört nicht.«* (Markus 8,18) Mit anderen Worten: Man kann Jesus voller Eifer nachfolgen und trotzdem blind sein für das Geheimnis des Glaubens. Blind für das Eigentliche. Blind für eine funktionierende Glaubensgemeinschaft. Blind für die Wahrheit.

Wie blind die Jünger damals sind, macht der Erzähler auch daran deutlich, dass er direkt vor unserer Jericho-Episode die tragisch-komische Geschichte von der »Segnung der Kinder« erzählt, in der die Jüngerschar sich als völlig inkompetent erweist, weil sie die Eltern, die ihre kleinen Kinder zum Segnen bringen wollen, als unwürdig ansieht und grob zur Seite drängen will. Was noch einmal beweist, dass dieser bunt zusammengewürfelte Haufen nach wie vor nicht verstanden hat, dass das Evangelium allen Menschen gilt – ganz besonders denen, die (noch) schwach und klein sind.

Statt sich um die »Suchenden« und »Bittenden« zu kümmern, denken die Jünger ernsthaft, sie müssten »ihren« Jesus verteidigen, und sorgen damit fast dafür, dass der Sohn Gottes nicht wirken und nicht heilen kann. (Kommt Ihnen das vertraut vor?) Da wundert es nicht, dass »Blindheit« in der Antike eine verbreitete Bezeichnung für Glaubensschwachheit war. Und der Ausruf »*Sag mal, bist du blind?*« meint ja auch heute noch, dass jemand das Offensichtliche nicht wahrnimmt.

Die Heilung des Blinden von Jericho erweist sich also schon im Markusevangelium als eine gleichnishafte Geschichte über die Frage: »*Wie gelingt es, dass Menschen, die eigentlich glauben, aber dennoch ›blind‹ sind für die Kraft und die Tiefe des Evangeliums, endlich anfangen, richtig zu sehen?*« Und damit ist diese Heilung prädestiniert für unser Thema: Wie kann die Evangelische Kirche neu sehen lernen? Die Ereignisse vor dem Stadttor von Jericho geben da einige kluge Anregungen.

Schreien lernen!

Während Bartimäus eine milde Gabe erbittet, bekommt er mit, dass unter den Menschen auf dem Platz auch Jesus weilt. Und offensichtlich hat er von diesem Rabbiner nicht nur gehört, er glaubt auch, dass Jesus der verheißne Messias ist. Zumindest erweist sich sein Ruf »*Sohn Davids, erbarme dich meiner!*« als klares Bekenntnis. Eine

Glaubensaussage: »*Da geht der Heilige Gottes vorbei, und ich weiß, dass er mir helfen kann.*«

Die erste therapeutische Frage, die diese Heilungserzählung an die Kirche heute richtet, lautet: »*Schreien wir eigentlich noch?*« Rufen wir noch zu Gott um Hilfe – oder sind wir längst in unserem religiösen Alltag erstarrt? Eines zumindest wissen wir alle: Nur jemand, der ernsthaft glaubt, dass Gott wirklich an ihm handeln kann, ruft auch laut um Hilfe. Was sagt uns da unser Schweigen?

Man könnte auch ganz praktisch fragen: Wann haben Sie das letzte Mal in einem Gottesdienst, einer kirchlichen Verlautbarung oder einem Artikel über die Kirche vernommen, dass Kirchenmenschen offen sagen: »*Wir sind richtig verzweifelt. Wir brauchen Hilfe, und wir rufen zu Gott!*« Und das nicht in Gestalt eines brav wiedergegebenen Psalms, sondern so, dass die Zuhörenden spüren: Da hält jemand voller Inbrunst seine Not dem Himmel hin, weil er sich der damit verbundenen Gefahren bewusst ist und zugleich zutiefst daran glaubt, dass Gott ihm helfen kann!

Wir haben am Anfang dieses Buches darauf hingewiesen, dass die Evangelische Kirche sich ihre Defizite bitte ehrlich eingestehen soll. Doch das ist nur der erste Schritt. Mindestens so bedeutsam ist es, diese Not auch an Gott selbst zu richten. Und zwar lautstark und weithin vernehmbar. Sie muss eine bittende, ja, eine flehende Kirche sein. Vielleicht wenden Sie jetzt ein, dass es doch in jedem evangelischen Gottesdienst nach der Predigt eine ausführliche Fürbitte gibt. Aber nach unserer Erfahrung wird dieses oft mehrere Minuten während, meist abgelesene Gebet auch von kirchlichen Insidern eher als langweilig empfunden. Das mag damit zu tun haben, dass diese Art von Fürbitten zwar theologisch völlig korrekt ist, aber gleichzeitig auch ziemlich blutleer. Auch sind sie in der zweifellos gut gemeinten Absicht, möglichst viele Menschenkreise und Problemfelder anzusprechen, meist definitiv zu lang – und zwar für beide: Vorbetende und Mitbetende. Das Bitten und Beten bekäme für alle eine ganz andere Intensität, wenn die Menschen spürten, dass sich dem Beter oder der Beterin wirklich das Herz im Leibe umdreht und er bzw. sie innerlich dabei schreit.

Und jetzt wird es brisant in unserer Geschichte. Denn: Wer sind hier eigentlich diejenigen, die Bartimäus zum Schweigen bringen wollen? Genau: die Umstehenden. Die Ausleger sind ziemlich sicher: Markus meint auch an dieser Stelle vor allem die Jüngerschar. Die Menschen, die so stolz darauf sind, ganz nah bei Jesus zu sein, fahren den Blinden an und fordern ihn auf zu schweigen. Die Mitglieder des internen Kreises möchten am liebsten einen echten Glaubensakt verhindern. Erstaunlich, oder? Die Wortführer der ersten Mini-Gemeinde stört die Not des Kranken, und sie wollen sie verdrängen.

Genau dieses Verhalten passt in den Plot, den uns der Autor des Evangeliums nahebringen will: Blind sind nicht diejenigen, die nicht sehen, sondern diejenigen, die aufgehört haben, zu Gott zu rufen, diejenigen, die aufgehört haben, von ihm Rettung zu erwarten. Diejenigen, die dem Heil im Weg stehen. Bartimäus hat auch als Blinder erkannt, dass Jesus der Heilsbringer ist, die Jünger dagegen erkennen es (zumindest in diesem Fall) nicht, obwohl sie ihn sehen können.

Darum lässt sich Bartimäus von den Einwänden und Hinderungsversuchen der Jünger nicht beirren. Er schreit einfach weiter. Und dass der Erzähler diese Hartnäckigkeit extra erwähnt, spricht für sich: Kein Mensch, keine Kirche sollte sich davon abbringen lassen, zu Jesus zu schreien: »*Sohn Davids, erbarme dich meiner!*«

Wie in der Geschichte der Kindersegnung weist Jesus seine Jünger auch diesmal zurecht bzw. korrigiert sie: »*Ruft ihn her!*« Und es hat fast schon etwas Ironisches, wenn anschließend berichtet wird, wie lammfromm und freundlich die eben noch so verbissenen Männer auf einmal sind: »*Und sie riefen den Blinden und sprachen zu ihm: Sei getrost, steh auf! Er ruft dich!*« Geht doch! Nur sind die Jünger eben nicht von allein darauf gekommen, dass Jesus niemanden zurückweist. Was uns ermutigen sollte, ehrlich zu prüfen, welche Menschen wir direkt oder indirekt zurückweisen, weil wir ihr Rufen zu Gott nicht hören wollen.

Den Aufbruch wagen

Was jetzt kommt, ist spektakulär, auch wenn es auf den ersten Blick harmlos klingen mag: »*Da warf Bartimäus seinen Mantel von sich, sprang auf und kam zu Jesus.*« Haben Sie mal darüber nachgedacht, wie das ist, wenn ein blinder Mensch aufspringt und losläuft? Das ist ein unfassbares Zeichen von Vertrauen. Mehr noch: Der Bettler setzt alles auf eine Karte, er riskiert sogar, übel hinzufallen und sich zu verletzen. Aber das ist ihm egal. Wenn Gott ruft, dann kann man nur eines: loslaufen!

Die gleiche Botschaft steckt übrigens auch in dem Hinweis auf den Mantel. So ein Gewand war nämlich höchstwahrscheinlich der einzige Besitz eines Bettlers, und der Mantel wurde auch benutzt, um darin die Almosen zu sammeln. Das heißt also: Bartimäus lässt alles hinter sich, was er besitzt. Alles, was ihm auch nur einen Hauch von Sicherheit geben könnte. Alles, was bislang sein Dasein bestimmt hat. Seinen Mantel, sein Geld, seinen Halt. Er wagt einen echten Glaubensschritt. Indem er loslässt. Ohne zu sehen, was ihn erwartet. Er stolpert los, weil ihm ein Stolpern zu Jesus sinnvoller erscheint, als ein Weiterhocken auf dem Boden der Tatsachen.

Wie gesagt, im Markusevangelium werden diese Details nicht zufällig erzählt. Der Autor stellt schon vor 2000 Jahren eine Frage, die an Brisanz bis heute nichts verloren hat und die übertragen so klingt: Was muss die Kirche eigentlich hinter sich lassen, um heil zu werden? Glauben Sie uns: Das ist eine der entscheidenden Fragen. Ganz gleich, welche Prioritätenprozesse auch durchgeführt werden, am Ende heißt es fast immer: Wir wollen auf nichts verzichten. Nur: So gibt es keine Erneuerung! Bartimäus führt vor Augen, dass der erste Schritt zur Heilung das Zurücklassen von Liebgewordenem ist.

Wir haben das mangels geeigneter Versuchstiere nicht überprüft, aber es gibt ja die schöne Legende, man könne bestimmte Affen dadurch fangen, dass der Fänger in eine Kiste mit einem kleinen Eingriffsloch eine Frucht legt, sagen wir mal: eine Banane. Angeblich kommen dann die Affen, vom Geruch angelockt, herbei, stecken ihre Hand in das Loch und versuchen, die Beute herauszuholen. Nur passt die um die Banane gelegte Hand nicht mehr durch das Loch und lässt sich deshalb auch nicht mehr herausziehen. Und jetzt kommt der Clou: Wenn die Fänger auftauchen, sind die Affen so darauf erpicht, die Frucht zu behalten, dass man sie einfach gefangen nehmen kann.

Könnte es sein, dass wir uns als Evangelische Kirche wie »Affen« so sehr an irgendwelchen liturgischen, organisatorischen, finanziellen und ideellen Bananen festklammern, dass wir einfach nicht mehr frei sind? Dass wir schon deshalb nicht voller Vertrauen auf Jesus zurennen können, weil uns der Mantel und das Geld näher sind als das Heil? Wir sind überzeugt: Der Heilungsprozess der Kirche beginnt mit zwei großen Herausforderungen: Wir müssen lernen, Dinge hinter uns zu lassen – und wir müssen lernen, wieder glaubensfroh loszulaufen und darauf zu vertrauen, dass da einer ist, der uns helfen möchte. Selbst wenn wir dabei Gefahr laufen, zu stolpern.

Was willst du, dass ich dir tun soll?

Die dritte Herausforderung fügt diese Geschichte von der Blindenheilung gleich noch mit an. Jesus fragt Bartimäus nämlich: » *Was willst du, das ich dir tun soll?* « Es ist einer der schönsten Sätze der Bibel, vor allem weil er einen doppelten Handlungshorizont eröffnet:

Erstens fordert dieser Satz jeden Menschen (und die Evangelische Kirche) auf, darauf erst einmal eine Antwort zu finden: Was würden wir eigentlich erwidern, wenn Jesus uns diese Frage stellen würde? » *Was willst du, dass ich dir tun soll?* «

Es kommt der Verdacht auf, dass die meisten Landeskirchen darauf gar keine Antwort hätten. Außer vielleicht der einen: dass es möglichst nahtlos so weitergehen möge wie bisher. – Oder hätten Sie eine andere? Was genau wünschen wir uns für unsere Institution? Wo wollen wir hin? Welche Vision treibt uns an?

Man stelle sich vor, Jesus fragt den Blinden: » *Was willst du, was ich dir tun soll* « – und der antwortet: » *Herr, dass am Ende des Tages mehr Geld in meinem Hut landet.* « Oder: » *Eine etwas weichere Unterlage zum Sitzen wäre schön.* « Sie erinnern sich an das erste Kapitel: an die Lösungen nach dem Motto »mehr desselben«.

Aber spannenderweise hat der Blinde – wir sind uns der Paradoxie des Bildes bewusst – eine sehr viel größere »Vision« als das. Und darin liegt bereits der erste Schritt der Heilung.

Was für eine Vision haben wir von der Evangelischen Kirche? Welche Vision hat die Evangelische Kirche für sich selbst? Mehr Geld, eine bequemere Matte, alles so weiter wie bisher? Oder schreit sie, betet sie: »*Herr, ich möchte sehend werden!*«?

Unsere Erfahrung ist, dass die Evangelische Kirche die bloße Anmutung, sie sei – und sei es nur in gewisser Hinsicht – so etwas wie »blind«, empört von sich weist: Heilungsgeschichten im Neuen Testament haben ihren praktischen Nährwert gerne für andere, aber doch nicht für uns. Nur: Wie wäre es, wenn Synoden und Kirchenparlamente einmal nicht die vielen beklagenswerten Zustände in unserer Gesellschaft anprangerten, sondern leidenschaftlich nach einer Vision fragen und darum beten würden: »*Herr, mache uns sehend!*«

In einem zweiten Handlungshorizont ermuntert die Frage Jesu »*Was willst du, dass ich dir tun soll?*« dazu, auch die Kommunikation der Evangelischen Kirche in Richtung der Menschen noch einmal grundsätzlich zu durchdenken. Denn allzu oft vermitteln unsere Verlautbarungen den Eindruck: »*Wir wissen schon längst, was ihr Menschen in den Gemeinden oder ihr Suchenden braucht!*« Jesus sieht das anders. Und er handelt anders. Er fragt erst einmal. Er nimmt sein Gegenüber als denkendes Individuum ernst. Und jetzt mal »Butter bei die Fische«: Wie sähe unsere Kirche heute aus, wenn wir die Menschen regelmäßig fragen würden, was ihnen guttut, was sie brauchen und was ihnen helfen würde. Statt einfach anzunehmen, wir wüssten das bereits und wenn die Menschen das nicht dankbar annähmen, läge der Fehler an ihnen. Wie viele »Lösungen« nach dem Motto: »Wir müssen unser Angebot nur noch deutlicher ins Schaufenster stellen, dann reißen uns die Leute das aus den Händen« sind in den letzten Jahren entwickelt worden! Was nichts anderes bedeutet, als dass wir als Maßstab unseres Handelns meist das schon Vorhandene nehmen. Statt dass wir zur Kenntnis nehmen, dass die Menschen zwar sehr wohl Interesse am Evangelium Jesu Christi haben, nicht aber an den Formen und Traditionen, in die wir dieses Evangelium gegossen haben.

Eine der erschütterndsten Beobachtungen während der Lockdowns im Jahr 2020 war es, wie wenige Menschen unsere Gottesdienste wirklich vermisst haben. Zwar nicht an Ostern, aber an normalen Sonntagen. Und es gibt deutliche Anzeichen, dass auch nach der Corona-Pandemie viele der früheren Gottesdienstbesucherinnen und -besucher nicht mehr zurückkommen werden. Weil sie gemerkt haben: Ihnen fehlt in diesen schweren Zeiten alles Mögliche, aber nicht unsere Art, Gottesdienste zu feiern. Es gibt, Gott sei Dank, wunderbare Ausnahmen: Bei denen sollten wir genau hinschauen und lernen, was diese Gemeinden richtig machen und woran es liegt, dass Menschen dort ihre Gottesdienste vermissen. Die Regel ist das leider nicht.

Ein wahrscheinlich utopischer Vorschlag: Was würde es bedeuten, zumindest mal für ein Jahr nahezu den gesamten kirchlichen Betrieb stillzulegen und in dieser Zeit zwei Dinge zu tun: intensiv zu beten – und die Menschen eingehend zu befragen: Was wollt ihr, dass Jesus euch tut? Was braucht ihr wirklich? Was sind eure tiefsten Sehnsüchte und Bedürfnisse – und wie können wir als Kirche Jesu Christi euch helfen?

Zu der Zeit, in der wir beide gemeinsam in einer Gemeinde gearbeitet haben, haben wir einmal alle 1600 Haushalte unserer Parochie einzeln besucht (mit rund 80 Ehrenamtlichen). Wir wollten von den Menschen wissen, was sie sich von Kirche erhoffen. Raten Sie mal, wie oft dabei das Wort »Liturgie« genannt wurde! Oder »Klärung des Abendmahlsverständnisses«. Dagegen hat die dabei entstandene Liste der *»Themen, über die ich von der Kirche gerne mal etwas hören würde«*, jahrelang unsere Predigtarbeit geprägt. Auch wenn wir uns damit binnenkirchlich den Vorwurf einhandelten, die vorgeschlagene Predigttextordnung verlassen zu haben. Schon so eine einfache Besuchsaktion kann ein Gemeindeleben radikal verändern. Was würde es bedeuten, so ein Vorgehen auf die gesamte Kirche zu skalieren?

»Der Blinde sprach zu ihm: ›Rabbuni, dass ich sehend werde.‹« Jetzt könnte man denken: Dass ein Blinder gerne sehen will, ist doch offenkundig. Stimmt und stimmt doch nicht. Wir haben alternative Antwortmöglichkeiten bereits oben durchgespielt. Sie scheinen absurd, aber sind in ihrer Tragikomik leider nur allzu real. Ebenso wie die Antwort: *»Herr, dass die anderen mich nicht ständig für ›blind‹ halten.«*

Jesus fragt, was er uns tun kann. Er nimmt uns ernst und möchte, dass sich sein Gegenüber wahrgenommen fühlt. Deshalb war vermutlich die schönste Erfahrung bei unserer Gemeindeumfrage die regelmäßige Rückmeldung: *» Wie toll, dass ihr mich fragt. Ich bin seit 40 Jahren Kirchenmitglied, aber mich hat noch nie einer gefragt, was ich brauche.«* Und jetzt stellen wir uns vor, wir würden nicht nur die Kirchenmitglieder, sondern auch die Kirchendistanzierten neugierig fragen, ob und wie die Evangelische Kirche ihnen etwas Gutes tun könnte: Das wäre eine echte Reformation – wenn wir sie dann auch ernst nehmen! Denn eins steht fest: Eine Kirche oder auch eine Gemeinde kann nur gesund werden, wenn ihre Vision größer ist als ihr Hut und ihre Matte.

Dein Glaube hat dir geholfen!

Erstaunlicherweise birgt das Ende der Bartimäus-Geschichte noch einmal eine verblüffende Wendung. Jesus sagt nämlich: »*Geh hin, dein Glaube hat dir geholfen.*« Ja, was denn? War es nicht die Heilkraft Jesu, die hier gewirkt hat? Gottes Liebe? Der Heilige Geist? Nun, offensichtlich sieht Jesus das anders: »*Dein Glaube hat dir geholfen!*« Nun wird niemand davon ausgehen, dass Jesus hier ausschließlich einen Selbstheilungsprozess propagiert, aber offensichtlich ist das Vertrauen des Bettlers ein, wenn nicht das wesentliche Element für seine Heilung. Ohne dieses Vertrauen hätte Bartimäus nicht gerufen, er wäre nicht aufgesprungen und er hätte nicht alle Sicherheiten hinter sich gelassen. So erweist sich das Vertrauen bzw. der Glaube als der rote Faden, der sich durch den gesamten Prozess zieht. »*Dein Glaube hat dir geholfen!*«

Viele Ausleger betonen, dass in der Bartimäus-Geschichte das Gegensatzpaar »Bewegung« und »Erstarrung« eine wichtige Rolle spielt: Während die verstockten Jünger Bartimäus an einer Bewegung hindern wollen, versucht der Kranke alles, um Fahrt in seine Angelegenheit zu bringen.

Für uns bedeutet das: Lassen wir unsere Kirche von den Bremsern oder von den Ermöglichern bestimmen?

Das ist gerade deshalb relevant, weil sich die Kirche ja nicht nur als Organisation, sondern ihrem Kern nach als Bewegung versteht. Nur: Wenn sich in unseren Gemeinden kaum noch etwas bewegt, kaum noch etwas entwickelt, kaum noch etwas verändert, wird es kritisch. Nur wer sich selbst bewegt, wird auch etwas bewegen! Zu erwarten, dass andere sich bewegen, ohne es selbst zu tun, ist nicht nur vermessen, sondern wird auch nicht von Erfolg gekrönt sein. Insofern gehört zu einem Gesundungsprozess immer auch eine ehrliche Auseinandersetzung mit den Erstarrungen – verbunden mit der schon erwähnten Frage: Was von dem, was wir aus alter Gewohnheit tun, können und müssen wir hinter uns lassen? So wie Bartimäus seinen Mantel mit den Geldmünzen hinter sich gelassen hat.

Die stärkste und beste Therapie für die Evangelische Kirche ist und bleibt (wie wir im nächsten Abschnitt noch sehen werden) ein neues Erwachen ihres Urvertrauens. Mit dieser Aussage wollen wir keinem Menschen absprechen, dass er auf Gott vertraut. Gott bewahre! Aber die Geschichte von der Heilung des Blinden zeigt, dass Glaube wie bei den Jüngern erstarren und verhindern ... oder – wie bei Bartimäus – in Bewegung bringen kann. Ohne jeden Zweifel will der Autor des Markusevangeliums seine Leserinnen und Leser zu einem Glauben ermutigen, der in Bewegung bringt – und der zu einer gesunden Risikobereitschaft führt. Ein Glaube, der motiviert, der zum Handeln ermutigt, der bereit ist, Vertrautes aufzugeben, der anregt, trotz aller Ungewissheiten blindlings auf Jesus zuzustürzen und ihm auch im 21. Jahrhundert eine Heilung zuzutrauen.

Nur wenn wir wieder den Mut entwickeln, einen solchen Glauben in unseren Predigten, unseren Sitzungen und unseren Veranstaltungen stark zu machen, wird sich unsere Kirche erkennbar erneuern. Nebenbei: Weil Bartimäus ein Sinnbild für einen Glauben ist, der anregt, neue Wege zu wagen, ist die Erwähnung, dass er anschließend mit der Jüngerschar gemeinsam weiterzieht, wie der krönende Abschluss dieser Episode. Der Geheilte bleibt in Bewegung. Und es macht Mut, dass die Jüngerinnen und Jünger, die vorher kein allzu gutes Bild abgeben, in der Lage sind, ihn, den vormals Blinden, in ihrer Mitte zu integrieren.

Vorher freilich müssen sich die Jüngerinnen und Jünger ernsthaft korrigieren lassen. Mit ihrer Art zu glauben, halten sie faktisch Suchende von Jesus fern. Selbst wenn sie das aus besten Absichten tun: Jesus muss und will nicht vor den Menschen geschützt werden. Eine Gemeinde oder Kirche, die – wie die Jünger – Jesus für sich vereinnahmen will und sich gegenüber Außenstehenden abschottet, tut dem Evangelium keinen Gefallen, sondern steht ihm im Weg. Auch mit den kleinen Kindern (die bei uns im klassischen Gottesdienst oft ebenfalls schräg angeschaut werden, wenn sie einen Mucks von sich geben) und den Bettlern am Wegesrand baut Jesus seine Gemeinschaft der Geringen. Das ist seine Kirche. Und jeder, der bestimmte Menschengruppen direkt oder indirekt ausschließt, irrt sich.

Wenn es zu einer Gesundung der Evangelischen Kirche kommen soll, wird dies nur geschehen, wenn sie ihre eigene Blindheit erkennt und herausschreit und sich von Jesus herausfordern lässt, Altes hinter sich zu lassen und Neues zu wagen. Die eigene Blindheit herauszuschreien, ist nichts Ehrenrühriges. Mag sein, dass die etablierte Jüngerschaft empört die Nase rümpft und uns zum Schweigen bringen will. Aber Glaube wird erst da relevant, wo wir uns von Jesus rufen lassen, trotz unserer Blindheit loslaufen – im alleinigen Vertrauen auf ihn. Oder wie der Theologe Otto Dibelius es einmal sehr klug ausgedrückt hat: » *Wer Gott ehrt, indem er um die eigene Blindheit für das Göttliche weiß und sich im Blick auf das eigentliche Leben als Bettler versteht, der ›sitzt am Weg‹ des Heils und wird bald auf diesem Weg unterwegs sein.* «

Siehe, da brachten sie zu ihm einen Menschen, der war
stumm und besessen. Da der Dämon ausgetrieben war,
redete der Stumme. Und das Volk verwunderte sich und
sprach: »*So etwas ist noch nie in Israel gesehen worden.*«
Aber die Pharisäer sprachen: »*Durch den Obersten der*
Dämonen treibt er die Dämonen aus.«

8. Neu sprachfähig werden
Die Heilung eines Sprachlosen – Matthäus 9,32-34

Bereits im dritten Kapitel sind wir auf einen Menschen getroffen, dessen Fähigkeit zu sprechen so stark eingeschränkt war, dass er in Predigt und Literatur oft als »taubstumm« bezeichnet wird. Wie wir aber sahen, konnte dieser Mensch vor allem nicht hören und darum auch nicht richtig sprechen. In dieser Geschichte hingegen geht es um eine Stummheit, die durch einen »Dämon« bedingt ist. Die Stummheit dieses Mannes scheint also nicht auf körperlichen Ursachen zu beruhen, sondern lebensgeschichtliche bzw. psychische Ursachen gehabt zu haben: etwa ein Trauma, extreme Schüchternheit oder eine Angststörung.

Ich habe einmal gelesen, dass letztlich alle Heilungen Jesu Heilungen der Kontakt- und Kommunikationsfähigkeit gewesen sein sollen. Im Falle des Stummen steht das wohl außer Frage: Sprach- und Kommunikationsfähigkeit, genau das ist hier das Thema. Was tun wir nicht alles mithilfe der Sprache bzw. mit gesprochenen Worten: Wir trösten, mahnen, erklären, laden ein, verwehren uns, jubeln, schreien, flüstern und vieles andere mehr. Wir lassen andere an unserem Inneren teilhaben: an unseren Gefühlen, unserem Wissen und unserer Erfahrung.

Im Kontext der Umwelt Jesu kommt dabei etwas Wichtiges hinzu: Das Judentum versteht sich bis heute als Erzählgemeinschaft. Die Erfahrungen, die die Menschen mit Gott gemacht hatten, haben sie zunächst mündlich weitererzählt. Ja, durch die Weitergabe dieser Geschichten bildete sich ihre Identität als Volk Gottes. Entsprechend beginnt das Glaubensbekenntnis der Juden mit den Worten »Höre, Israel…« (Deuteronomium 6,4). Und in Psalm 78,2-4 heißt es: »*Ich will meinen Mund auftun zu einem Spruch und Geschichten verkünden aus alter Zeit. Was wir gehört haben und wissen und unsre Väter uns erzählt haben, das wollen wir nicht verschweigen ihren Kindern; wir verkündigen den Ruhm des HERRN und seine Macht und seine Wunder, die er getan hat.*«

Im Zusammenhang unserer Geschichte bedeutet das allerdings: Der Stumme ist von dieser Erzählgemeinschaft ausgeschlossen. Er kann von den großen Taten Gottes hören, aber das Gehörte nicht weitergeben. Das heißt: Er gilt als »geistlich unfruchtbar«. Er kann keine Glaubenskinder zeugen, an seiner Person stoppt die Weitergabe des Heils. Wie so viele Krankheiten zur Zeit Jesu – etwa Blutfluss oder Aussatz – hat auch die Stummheit dieses Mannes einen erheblichen religiösen »Nebeneffekt«.

Dass man mit Behinderungen ganz »normal«, ja sogar gesund umgehen kann, zeigen uns Millionen von physisch eingeschränkten Menschen Tag für Tag. Im Fall des Mannes in unserer Geschichte aber spielt zusätzlich etwas »Dämonisches« mit: etwas Zerstörerisches, das den Stummen weit über das Maß seiner physischen Einschränkung hinaus an einem gesunden Leben und Zusammenleben mit anderen hindert.

Es ist nie einfach, wenn ein Mensch nicht sprechen kann. Aber man kann mit dieser Einschränkung leben.

Schlimm – ja: »dämonisch« – wird es erst, wenn man sich von dieser Tatsache ganz und gar bestimmen lässt, sodass sie zu einer zweiten oder sogar ersten Identität wird: »*Ich kann nicht sprechen.*« Vielleicht hat man es einmal versucht und sich dabei ungeschickt angestellt und wurde verlacht. Oder man hat die Erfahrung gemacht: »*Es ist gefährlich, zu sagen, was ich wirklich meine. Darum halte ich lieber den Mund.*« Und so wird es im Lauf der Zeit mehr und mehr zur eigenen Identität: »*Ich kann nicht sprechen. Andere tauschen sich aus. In der Welt herrscht ein riesiges Stimmengewirr. Ich aber stehe außen vor. Ich kann mich nicht mitteilen. Und um an dieser Tatsache nicht endlos zu leiden, arrangiere ich mich damit und will mich auch nicht mehr mitteilen.*« Darin besteht das Werk des »Dämons«, dass aus einer vormaligen Einschränkung auf einmal eine alles bestimmende Größe in meinem Leben wird.

Wie will man an einen Menschen herankommen, der sich derart innerlich abkapselt? Wie ihn ermutigen, doch am Austausch mit den anderen teilzuhaben? Wieder einmal stehen wir vor der Tatsache, dass sich Seelisches nur heilen lässt, wenn der oder die Betreffende sich heilen lassen will.

Eine zweifache Reaktion

Wie in vielen Heilungsgeschichten »bringen« die Leute den Kranken zu Jesus. Weder wird gesagt, mit welcher Absicht sie das tun, noch wird der Akt der Heilung näher beschrieben. Sie bringen ihn zu Jesus und sofort heißt es: »*Und als der Dämon ausgetrieben war, begann der Stumme zu sprechen.*« Anschließend wird uns nur noch die zweifache Reaktion der Menschen geschildert: Die einen staunen, die anderen ärgern sich.

» Wie bitte – die ärgern sich?«, fragen Sie vielleicht. Da wird ein Mensch, der nicht nur krank ist, sondern unter seiner Krankheit bzw. Behinderung über jedes erträgliche Maß hinaus leidet, gesund. Da kann ein Mensch, der in sich selbst gefangen war, wieder sprechen. Er kann sich wieder mitteilen, wieder am kommunikativen Miteinander der Menschen um ihn herum teilnehmen – und es gibt Menschen, die ärgern sich? Ja, genau das. Und das ist auch die geheime Pointe unseres Textes. Der Evangelist Markus verliert kein überflüssiges Wort über die Heilung. Worum es ihm in dieser Passage geht, ist vor allem die Reaktion der Leute auf diese Heilung.

Die einen wundern sich. Kräftiger übersetzt: Sie staunen. Gemeint sind die Menschen, die den Stummen zu Jesus gebracht hatten, aber auch die Umherstehenden, die zu Zeugen dieser Heilung geworden sind. Was gibt es für eine natürlichere Reaktion auf ein offensichtliches Wunder, als sich zu wundern oder eben zu staunen? Staunen ist ein Gefühl, das uns dann ergreift, wenn wir etwas Unerwartetes, vielleicht sogar Unfassbares erleben. Der Philosoph Aristoteles sah im Staunen den Beginn des Philosophierens: Die Welt ist anders, größer, schöner, als ich es mir bislang vorgestellt habe. Wer staunt, öffnet sich für eine neue Wirklichkeit. Er spürt: *» Das, was ich bislang gedacht habe, bildet nicht die ganze Wirklichkeit ab. Es muss mehr geben als meine früheren Gewissheiten mich glauben ließen.«* Die alten Antworten reichen nicht mehr aus und der Mensch beginnt zu fragen, was es über die alte Weltsicht hinaus gibt. Ein staunender Mensch kann nie Fundamentalist sein, denn er ist immer im Begriff, die Fundamente seines eigenen Lebens zu überschreiten. Er hat mehr Fragen als Antworten. Entsprechend war die Reaktion dieser Menschen: »*So etwas hat man in Israel noch nicht gesehen.*« Ihnen fehlen die Kategorien, das, was sie gesehen haben, auch zu begreifen. Und so beginnen sie zu fragen: Was geschieht hier Neues? Was bringt dieser Mann – Jesus –, das unsere bisherigen Horizonte und Perspektiven derart sprengt? Wo müssen wir selbst vielleicht umdenken, neu denken, neu glauben?

Die anderen Leute hingegen ärgern sich. Unser Text nennt sie beim Namen: »die Pharisäer«. Und damit betreten wir ein minenreiches Gebiet. Denn die Pharisäer werden in den Evangelien immer wieder als die Hauptgegner Jesu vorgestellt. Hier tut eine differenzierte Betrachtung not. Das Judentum zur Zeit Jesu war in verschiedene Schulen und Gruppierungen aufgesplittet, die teilweise in erheblichem Streit miteinander lagen. Im Kontext dieser höchst unterschiedlichen »Judentümer« waren die Pharisäer mit Abstand die Gruppe, der Jesus mit seinen Leuten am nächsten stand. Sie waren im Wesentlichen eine Laienorganisation, sie legten hohen Wert auf die Umsetzung des Glaubens im Alltag und waren sehr kritisch gegenüber dem äußeren Religionsbetrieb, der vor allem von der Priesterschaft in Jerusalem ausging (den Sadduzäern).

Aber gerade, weil sich Jesusbewegung und Pharisäismus in Vielem so nahe waren, entstanden hier auch die größten Auseinandersetzungen. Denn die Pharisäer weigerten sich erbittert, in Jesus mehr zu sehen als einen »*Lehrer der Gerechtigkeit*«, wie man das damals nannte. Ihn als Gottes Sohn anzusehen, war für sie ein Verstoß gegen das erste Gebot. Die Evangelien entstanden in einer Zeit, in der sich die junge christliche Bewegung mühsam gegen die zahlenmäßig überlegene pharisäische behaupten musste. Entsprechend erscheinen »die Pharisäer« bei den Evangelisten oft als die Feinde Jesu schlechthin. Dabei dürfen wir nicht übersehen, dass die junge Christenheit gerade innerhalb dieser Bewegung viele Anhänger fand. So gehörte auch Paulus zur Gruppe der Pharisäer und verstand sich nach seiner Wendung zu Jesus weiterhin als solcher (Apostelgeschichte 23,5; Philipper 3,5). Das größte Problem entsteht freilich, wenn man die Texte der damaligen Zeit einfach in unsere überträgt. Dann nämlich generieren sie leicht antijüdische Tendenzen.

Darum kann man es nicht oft genug betonen, dass wir schief liegen, wenn wir die ernsthafte Glaubensbewegung der Pharisäer innerhalb des Judentums pauschal als heuchlerisch und verbohrt abqualifizieren. Wo immer in den Evangelien von »den Pharisäern« die Rede ist, sind wir vielmehr gehalten, den Blick zuerst auf uns selbst zu richten. Die Frage, die wir uns stellen müssen, ist: Wie kann es sein, dass ein vormals stummer Mensch von Jesus geheilt wird und offizielle Vertreter der Religion dagegen aufstehen und sagen: »*Das ist nicht im Namen Gottes.*« Ganz so, als wolle Gott, dass dieser Mensch stumm bleibe.

Dies also sind die beiden Reaktionen auf das Wunder Jesu. Während die anderen Umstehenden (nebenbei erwähnt: auch alles Juden) »staunten«, taten dies die »Pharisäer« in unserer Geschichte gerade nicht. Zu sehr waren sie gefangen in ihren Weltbildern und Vorurteilen. Sie hatten klare Gebote, deren erstes ausschloss, dass Jesus göttlicher Natur war. Deshalb mussten sie das Gesehene umdeuten: »*Jesus ist nicht mit Gott, sondern mit dem Teufel im Bunde.*« Eine wichtige Erkenntnis: Unsere Augen sehen fast immer nur das, was unser eigenes Herz zulässt. Während viele meinen, sie könnten nur glauben, was sie sehen, ist es oft genau umgekehrt: Wir sehen nur, was wir glauben.

Geistliche Sprachlosigkeit

An dieser Stelle wenden wir uns unserem »evangelischen Patienten« zu. Und hier mögen Sie sich fragen: Wo, bitte schön, ist diese Kirche denn stumm? Werden nicht bei uns Sonntag für Sonntag rund 20.000 Predigten gehalten, zu denen noch zahllose Andachten, Kasual-Ansprachen, Seminare, Gruppenstunden, Podcasts, Druckwerke, Grußworte, Sitzungen, Stellungnahmen, Verlautbarungen und vieles andere mehr dazukommen? Manch einer wird dies auch angesichts der vielen Worte denken, die wir in diesem Buch geschrieben haben: Kommt einem die Kirche nicht manchmal vor wie eine einzige Wörterfabrik?

Und doch halten wir »geistliche Stummheit« für eines der größten Probleme, die wir als Evangelische Kirche heute haben. Zum einen sind es ein, höchstens zwei Prozent der Evangelischen, deren Stimme man in unserer Kirche hören kann. Und dabei geht es oft um alles Mögliche, aber nur selten um Glaubensfragen. Wir haben einmal auf einem Treffen mit 200 Kirchenvorsteherinnen und Kirchenvorstehern gefragt, wie viele schon einmal einen Beschluss über die Taufpraxis in ihrer Gemeinde gefällt hätten (zum Beispiel ob die Taufe im Haupt- oder in einem eigenen Gottesdienst gefeiert werden soll). Nahezu alle hatten das. Dann fragten wir, wer im Kirchenvorstand schon einmal inhaltlich über die Taufe gesprochen habe. Das waren gerade mal drei. Und das ist eine echte Problemanzeige: Bis in unsere leitenden Gremien hinein wird zwar viel gesprochen, aber relativ wenig über Glaubensthemen.

Das ist gar nicht anklagend gemeint, sondern schlicht eine Erfahrung: Die Auskunftsfähigkeit über Glaubensfragen ist selbst bei aktiven evangelischen Kirchenmitgliedern oft sehr begrenzt – bis in die leitenden Kreise hinein. Hier bestätigen – Gott sei Dank! – viele Ausnahmen die Regel, und doch ist es die Regel. Ich war in Dutzenden von Kirchenvorständen zu Besuch: Weithin herrscht bei Glaubensthemen eine große geistliche Sprachlosigkeit. Man ist es einfach nicht geübt, über solche Dinge zu sprechen. Ja, oft besteht auch keine besondere Auskunftswilligkeit: *»Dafür bin ich nicht zuständig«*, heißt es dann, *»ich mache hier nur die Finanzen. Bitte fragen Sie die Pfarrerin oder den Pfarrer.«*

In der Tat ist das weithin die Rollenverteilung: Die Pfarrpersonen sind für die vermeintlich »geistlichen« Dinge zuständig (also Glaube, Bibel, Gebet etc.), die Laien hingegen für die »weltlichen« Dinge wie Finanzen, Gebäude und Verwaltung. Dass aber nahezu alles, was im Kirchenvorstand besprochen wird, eine geistliche Dimension hat, wird oft nicht gesehen und vor allem nicht thematisiert. Allein die Tatsache, dass Jesus mehr über Geld geredet hat als übers Gebet, zeigt, dass die allgemein übliche Aufteilung zwischen geistlichen und weltlichen Themen einfach nicht stimmt.

»Geistlich« ist eine bestimmte Betrachtungs- bzw. Herangehensweise, und zwar auch und gerade an scheinbar »weltliche« Belange. Geistlich heißt, dass wir dem Heiligen Geist in unserem Denken, Reden und Handeln Platz einräumen, dass wir ihn sozusagen mit am Tisch sitzen lassen bei unserem Planen und Diskutieren, dass wir uns dabei von der Bibel inspirieren lassen und ihn – den Geist Gottes – um Rat fragen. Wir haben diesbezüglich sämtliche Kirchenordnungen in Deutschland verglichen: Ihnen zufolge ist jeder Kirchenvorstand hierzulande nicht allein ein organisatorisches, sondern auch ein geistliches Gremium. Nun frage ich mich: Wie soll das möglich sein, wenn wir im Kirchenvorstand kaum über geistliche Themen reden, von einer gemeinsamen spirituellen Praxis ganz zu schweigen?

Wir haben ein echtes Problem: geistliche Stummheit. 98 bis 99 Prozent der getauften evangelischen Christinnen und Christen reden so gut wie überhaupt nicht über ihren Glauben. Sie tun es kaum in binnenkirchlichen Kreisen und noch weniger außerhalb der Kirche. Natürlich sprechen sie im Freundeskreis ab und zu auch mal über Religion und Kirche. Oder sie kommen ins Grübeln, wenn das Schicksal mal wieder zuschlägt. Aber wer spricht mit anderen über den Kern des Evangeliums und über den Grund unseres Christseins, über das Fundament all unseres Glaubens, Liebens, Hoffens: Jesus Christus? Wer sagt den Menschen drinnen wie draußen, »was unser einziger Trost im Leben und im Sterben« ist, wie es der Heidelberger Katechismus formuliert?

In 1. Petrus 3,15f. heißt es: »*Seid allezeit bereit zur Verantwortung vor jedermann, der von euch Rechenschaft fordert über die Hoffnung, die in euch ist.*« Wo geschieht das, dass Christinnen und Christen im Gespräch mit anderen »allezeit bereit« sind, Jesus Christus mit ins Spiel zu bringen? Antwort: Es geschieht kaum irgendwo. Wir haben diese Praxis weitgehend den Zeugen Jehovas und christlichen Eiferern überlassen. Wir schauen uns an, wie sie das tun, beurteilen zu Recht, dass das so nicht geht – und lassen es gleich ganz bleiben, mit anderen über unseren Glauben zu reden. Statt darüber nachzudenken, wie wir der Aufgabe, unseren Glauben an andere weiterzugeben, mit allem Respekt, in aller Sanftmut und liebevoll nachkommen können!

Die Alternative zu einer schlechten missionarischen Praxis muss doch sein, eine gute missionarische Praxis zu entwickeln, anstatt gar nichts mehr in dieser Hinsicht zu tun und sich bei dieser Nicht-Praxis womöglich noch auf den Heiligen Geist zu berufen, der dem Johannesevangelium zufolge »wirkt, wo er will«. Ja, der Geist wirkt, wo er will. Aber der Heilige Geist, so wie ihn uns die Bibel vorstellt, ist ein Geist der Synergie, ein Geist des Zusammen-Handelns. Sein Wirken schließt unsere menschliche Fantasie, unser Handeln und Reden niemals aus, sondern immer mit ein. Fakt ist: Wo Menschen nicht von Christus reden oder von Christus her handeln, wirkt auch kein Heiliger Geist.

Das Christentum war von Anfang an – ähnlich wie unsere jüdische Mutterreligion – eine Erzählgemeinschaft. Man predigte über Glauben, Liebe und Hoffnung nicht nur von der Kanzel (die es damals ohnehin so noch nicht gab), sondern sprach miteinander darüber im Freundeskreis, am Arbeitsplatz oder am Frühstückstisch. Und genau auf diese Weise verbreitete sich die christliche Bewegung über den ganzen Erdball.

Seit einiger Zeit beschäftigt mich eine These des amerikanischen Religionssoziologen Rodney Stark, die er in seinen Büchern erläutert: Das Christentum der ersten drei Jahrhunderte hat sich nicht so sehr durch das Medium der Predigt verbreitet. Es lässt sich soziologisch sehr gut belegen, dass der entscheidende Faktor für die Ausbreitung des Christentums in den Beziehungen lag, die Christinnen und Christen zu anderen Menschen aufbauten. Familien, Freundschaften und andere Beziehungsnetze bildeten den Nährboden dafür, dass das Christentum sich in knapp 300 Jahren von einer kleinen Splittergruppe zur größten Religionsgemeinschaft im europäisch-vorderasiatischen Raum entwickelte. Auch, dass man sich verlässlich um die Armen und Kranken kümmerte, gehörte zu diesem beziehungsorientierten Christsein elementar dazu. Grundlegend war aber vor allem, dass die Menschen von Christus redeten, von eben jener Hoffnung, die in ihnen lebte, und dass Wort und Tat Hand in Hand gingen – und zwar nicht in großen kirchlichen Aktionen und Proklamationen, sondern in den Beziehungsnetzen des Alltags.

Wenn man das verallgemeinern darf, ist es nicht gut um das Christentum in Europa bestellt. Denn von wenigen Ausnahmen abgesehen reden die Christinnen und Christen nicht mehr über ihren Glauben. Sie sind – geistlich gesehen – »stumm«. Wie bei dem Mann in unserer Geschichte partizipieren sie nicht an der Erzählgemeinschaft, die das Christentum konstituiert. Sie nehmen das eine oder andere vielleicht auf – aber sie geben es nicht weiter. An ihrer Person wird die Traditionskette unterbrochen. Im Fall des Stummen in unserer Geschichte ist der Schaden noch reparabel: Dieser eine sagt zwar kein Wort, aber die vielen anderen um ihn herum treten für ihn in die Bresche und sorgen dafür, dass das Heil, das in diesen Geschichten liegt, trotzdem weitergegeben wird. Was aber, wenn es umgekehrt nur ein Mensch ist, der auskunftswillig ist, doch 99 um ihn herum schweigen? Wird seine Stimme gehört werden? Wird das ausreichen, um die identitätsstiftende und heilbringende Erzählgemeinschaft des Glaubens am Leben zu erhalten? – Das Christentum ist immer nur eine Generation vom Aussterben entfernt. In dem Moment, in dem niemand mehr seinen Glauben an andere weitergibt, wird der christliche Glaube von der Bildfläche verschwinden.

Genügt es denn nicht, dass Sonntag für Sonntag und bei unzähligen Kasualien (also Taufen, Trauungen und Beerdigungen) öffentlich gepredigt wird? – Nein. Es ist ein großes Geschenk, dass in diesem Land frei gepredigt werden kann. Und doch kann die Predigt im Gottesdienst nicht ersetzen, dass die Menschen an der Basis, die Mütter und Großväter, die Berufstätigen und Arbeitslosen, die Gebildeten und Ungebildeten, die Reichen und Prekären, Jung und Alt, Einheimische und Migranten, Kranke und Gesunde, in einem Wort: dass die 98 Prozent anfangen, von den großen Taten Gottes zu erzählen.

Öffentliche Verkündigung kann nie wettmachen, was an persönlichem Zeugnis unterbleibt. Das große Netz der Erzählgemeinschaft wird durch einzelne Erzählende nie ersetzt. Der eigentliche Zeuginnen- und Zeugendienst liegt bei der Basis: bei den einfachen Christinnen und Christen vor Ort. Bis heute ist es so, dass rund 80 Prozent der Menschen, die sich als aktive Christen bezeichnen, dadurch zum Glauben gefunden haben, dass jemand seinen Glauben mit ihnen teilte, mit dem sie eine persönliche Beziehung hatten. Das gilt es neu zu entdecken: dass christlicher Glaube zwar hochgradig persönlich, aber niemals privat ist. Als Christ oder Christin zu glauben heißt, Teil einer Erzählgemeinschaft zu werden. In dieser Frage geht es um die Zukunft des Christentums in Europa. Wir müssen die Menge der Christinnen und Christen vor Ort wieder zum Reden bringen. Und dazu bedarf es nicht mehr und nicht weniger als eines Wunders. Denn die »Kräfte«, die zu dieser Stummheit führen, sind Legion. Sie heißen »Selbstgenügsamkeit«, »Schüchternheit«, »Menschenfurcht«, »Auftragsvergessenheit«, »falsch verstandene Toleranz«, »schlechte Vorbilder«, »ungute Erfahrungen«, »fehlende Überzeugung«, »mangelndes Know-how«, »fehlende Freude«, »fehlende Erfüllung«, »fehlende Liebe« u.v.m. Es übersteigt unsere Möglichkeit, sie alle auszutreiben.

Neu reden lernen

Die große Herausforderung lautet: Wie wird ein Mensch zu einem redenden Christen, zu einer ihren Glauben bezeugenden Christin? Moralische Forderungen (»*Es ist doch unsere Christenpflicht*«), religiöser Druck (»*Ohne euer Zeugnis gehen die Leute ewig verloren und ihr seid schuld daran*«) und Appelle an die Einsicht (»*Die Kirche und vor allem die Menschen brauchen unser Zeugnis*«) bringen hier gar nichts, ja, vermehren unter Umständen noch die Anzahl der Stummheit verursachenden Dämonen. Der einzige Weg ist, den stummen Menschen zu Jesus zu bringen mit der Bitte, dass er ihn berühre oder ihm tief ins Herz spreche. (Unser Text sagt gar nicht, wie, sondern nur dass die Heilung durch Jesus geschieht.) Allein durch die Begegnung mit Jesus kann der Mensch so berührt werden, dass er im Innersten verwandelt wird – und anfängt, davon zu reden.

»*Wes das Herz voll ist, des geht der Mund über*«, sagt Jesus (Matthäus 12,34). Dürfen wir umgekehrt schließen: Wem der Mund von diesen Dingen nicht überläuft, dessen Herz ist auch nicht voll? Hier geht es nicht darum, Christinnen und Christen zum Reden zu nötigen, sondern es kommt vor allem darauf an, ihr Herz zu füllen. Insofern steht in diesem Kapitel die tief spirituelle Frage im Vordergrund: Wie wird unser Herz so sehr angefüllt, dass wir gar nicht anders können, als darüber zu reden?

Wie immer in geistlichen Zusammenhängen, ist dies nichts, was wir einfach »machen« können, sondern eine Sache des Heiligen Geistes. Das aber verurteilt uns nicht zur Tatenlosigkeit, im Gegenteil: Der Heilige Geist sucht unsere Mitarbeit. Es ist an uns, förderliche Rahmenbedingungen zu schaffen, die dieses Wunder begünstigen. »*Dem*

Heiligen Geist eine Landebahn bauen« nennt man das. Im Bild unserer Geschichte gesprochen: Wir können den Stummen nicht heilen. Wir können auch nicht bewirken, dass Jesus ihn heilt. Aber wir können den Stummen *»zu Jesus bringen«.* Aus der Fülle von möglichen »Landebahnen« für den Heiligen Geist wähle ich vier aus:

1. Kirchenvorstände müssen verstärkt über Glaubensfragen reden. Die Landeskirchen in Bayern und Hessen-Nassau haben, um dies anzuregen, an alle Kirchenvorstände einen Kurs verteilt, der dazu Lust machen soll (www.sehnsucht-nach-mehr.de). Die Erfahrung »Ich kann über Glaubensfragen reden – und es macht mir sogar Spaß« war und ist für viele eine positive Überraschung. Ob mit oder ohne Kurs: Pfarrerinnen und Pfarrer müssen behutsam, aber beharrlich dafür Sorge tragen, dass in ihren Kirchenvorständen über Fragen des Glaubens und des Gemeindelebens nicht nur aus organisatorischer, sondern auch aus geistlicher Sicht geredet wird. Einwände, dass die Tagesordnung auch so schon brechend voll sei, sind verständlich, aber nicht akzeptabel. Man sollte die Notwendigkeit, eine Säge zu schärfen, nicht durch den Hinweis abtun, das ginge nicht, weil man viel zu beschäftigt damit sei, Äste und Bäume zu sägen.

2. Pfarrerinnen und Pfarrer müssen sich zum Ziel setzen, die Christinnen und Christen in ihren Gemeinden und Arbeitsfeldern sprachfähig zu machen. Sie haben ihre theologische Ausbildung nicht, um anstelle der anderen zu reden, sondern um sie zum Selber-Sprechen anzuleiten. Predigten sollten darum immer wieder durch Predigtnachgespräche ergänzt oder sogar in Predigtvorbereitungskreisen vorbereitet werden. Pfarrerinnen und Pfarrer sollten Menschen ermutigen und begleiten,

die Andachten in Gruppen halten, Kindergottesdienste verantworten oder als ehrenamtlich Verkündigende unterwegs sind. Auch sollten sie sich bewusst sein, dass sie, wenn sie allzu gebildet daherkommen, andere latent entmutigen, ebenfalls etwas zu dem Thema beizutragen, weil es ihnen unter Umständen zu banal vorkommt. Auch darum sollten sie über Glaubensfragen immer alltagsnah und in möglichst einfach verständlichem Deutsch reden. Manche denken, dass man den großen Fragen auf diese Weise nicht gerecht würde, doch im Gegenteil: Gerade so wird man es. Jesus hat auch in ganz einfachen Worten gesprochen.

3. Wir brauchen geschützte Räume, in denen Christinnen und Christen lernen, über Erfahrungen und Belange des Glaubens zu reden. Die »Erzählgemeinschaft« des Glaubens braucht konkrete Zeiten und Orte. Auskunftswilligkeit und Auskunftsfähigkeit in Glaubensfragen sind auch eine Frage der Übung. Dass sie durchaus in der Lage sind, über ihren Glauben zu reden, dass es sogar Spaß machen kann und dass der eigene Glaube wächst, wenn man ihn teilt – diese Erfahrung müssen viele erst einmal machen. Am besten geschieht das in einem geschützten Raum. Fast alle Kreise und Gruppen, insbesondere Haus- und Bibelkreise können mit entsprechender Anregung ein solcher Raum sein, in dem man lernt, über die eigenen Glaubenserfahrungen zu reden. Wenn man das ein wenig im geschützten Raum geübt hat, fällt es einem umso leichter, auch mit Außenstehenden über diese Fragen zu reden, ohne Sorge haben zu müssen, diese oder sich selbst zu überfordern.

4. Der »goldene Schlüssel« zur Heilung von Stummheit aber ist und bleibt, dass Menschen in Berührung mit Jesus Christus bzw. mit dem lebendigen Gott kommen.

Alles eben Genannte sind nur äußere Formen und Gefäße. Das Entscheidende ist und bleibt dieser Kern: dass ein Mensch in seinem Tiefsten von Jesus Christus angesprochen, berührt und bewegt wurde (vgl. Kapitel 5 in diesem Buch). Dann passiert es nahezu von selbst, dass er oder sie anfängt zu reden. Die einen werden darüber staunen, andere sich ärgern. Aber dann läuft der Mund plötzlich über von dem, was das Herz erfüllt.

Es geschah aber an einem anderen Sabbat, dass er in die Synagoge ging und lehrte. Und da war ein Mensch, dessen rechte Hand war verdorrt. Aber die Schriftgelehrten und die Pharisäer gaben acht, ob er auch am Sabbat heilen würde, damit sie etwas fänden, ihn zu verklagen. Er aber kannte ihre Gedanken und sprach zu dem Mann mit der verdorrten Hand: »*Steh auf und tritt in die Mitte!*« *Und er stand auf und trat vor. Da sprach Jesus zu ihnen:* »*Ich frage euch: Ist's erlaubt, am Sabbat Gutes zu tun oder Böses zu tun, Leben zu retten oder zu verderben?*« *Und er sah sie alle ringsum an und sprach zu ihm:* »*Strecke deine Hand aus!*« *Und er tat's; da wurde seine Hand wieder gesund. Sie aber wurden ganz von Sinnen und beredeten sich miteinander, was sie Jesus tun wollten.*

9. Neu anpacken
Die Heilung der verdorrten Hand – Lukas 6,6-11

Die meisten Wunder, die Jesus gewirkt hat, haben eine recht dramatische Note. Im Hintergrund dieser Geschichten türmen sich mehr oder minder große Tragödien auf. Was es damals ohne die vielen medizinischen und technischen Hilfsmittel unserer Zeit bedeutete, blind, taubstumm oder gelähmt zu sein, sprengt wahrscheinlich alle Vorstellungskraft. Jedes Mal greift Jesus mit seinen Heilungen in die tiefsten Tiefen unserer Menschlichkeit hinein. Wenn es wahr ist, dass die meisten Menschen »*ein Leben stiller Verzweiflung führen*« (Henry David Thoreau), so ist diese Verzweiflung bei den Menschen, die Jesus geheilt hat, geradezu schreiend.

In dieser Geschichte geht es aber auf den ersten Blick nicht ganz so dramatisch zu. Sie spielt an einem »anderen«

Sabbat in der Synagoge, ein Hinweis darauf, dass Jesus scheinbar regelmäßig den jüdischen Gottesdienst besucht hat. Und offensichtlich hatte der Synagogenvorsteher die Auslegung der Schrift an jenem Sabbat an Jesus übertragen. Damals war es üblich, den Predigtdienst auch unter Menschen kursieren zu lassen, die zwar kein Studium, aber einiges an Lebenserfahrung aufzuweisen hatten.

In diesem Gottesdienst befand sich nun ein Mann mit einer »verdorrten Hand«. Was damit genau gemeint ist, können wir nicht mehr eindeutig rekonstruieren. Ganz offensichtlich war die Hand dieses Menschen früher einmal voll funktionsfähig gewesen, dann aber »verdorrt« wie ein abgestorbener Ast, vertrocknet und versteift. Nach Lukas soll es sich um die rechte Hand dieses Mannes gehandelt haben.

Ich (Klaus) habe mir vor einigen Jahren den rechten Arm gebrochen und weiß, wie frustrierend es ist, wenn man nicht beide Hände benutzen kann oder wenn man als Rechtshänder mühsam lernen muss, mit der linken Hand alltägliche Tätigkeiten zu verrichten. Es fiel mir sogar schwer, mir mit links die Zähne zu putzen. Trotzdem: Verglichen mit den anderen Tragödien, in die Jesus heilend eingreift, erscheint einem diese Behinderung doch eher nachrangig. Warum wird uns also diese Geschichte berichtet – und das gleich von drei der vier Evangelisten des Neuen Testaments? Im nicht in die Bibel aufgenommenen Hebräerevangelium wird die Geschichte sogar näher erläutert. Dort heißt es, der Mann sei Steinmetz und durch das Verdorren seiner Hand nicht mehr in der Lage gewesen, seinen Beruf auszuüben und seine Familie zu ernähren. Das würde darauf hinweisen, dass sich auch hinter dieser Geschichte eine Tragödie verbirgt. Die drei Evangelisten des Neuen Testaments aber wissen dergleichen nicht zu berichten. Ihr Fokus geht in eine andere Richtung:

»Aber die Schriftgelehrten und die Pharisäer gaben acht, ob er auch am Sabbat heilen würde, damit sie etwas fänden, ihn zu verklagen.« Scheinbar war Jesus nicht der einzige Rabbi, der an jenem Sabbat am Gottesdienst teilnahm. Aus dem Text heraus wird nicht deutlich, ob die »Pharisäer und Schriftgelehrten« eigens deswegen in den Gottesdienst gekommen waren, um Jesus auf die Finger zu schauen, oder ob sie zur normalen Gottesdienstgemeinde gehörten. Aber Achtung: Wir haben schon darauf hingewiesen, dass es nicht darum gehen kann, die damaligen innerjüdischen Konflikte unreflektiert in die heutige Zeit zu übertragen und daraus irgendwelche antijüdischen Aussagen abzuleiten. »Pharisäer« stehen ganz allgemein für eine besonders ernsthafte Frömmigkeit, und »Schriftgelehrte« für einen dezidiert theologischen, gebildeten Umgang mit der Heiligen Schrift. Gegen beides kann man nichts ernsthaft haben. Aber beides birgt – egal, ob im Juden- oder Christentum – auch seine spezifischen Gefahren. Denn beide Gruppierungen stehen bei aller äußeren Unterschiedlichkeit in der gemeinsamen Gefahr, Gedanken, Regeln und Systeme über konkrete Menschen und lebendige Prozesse zu stellen.

An der Frage des Sabbats wird das besonders deutlich: Am Sabbat ist bis heute für jeden frommen Juden jegliche Art von Arbeit verboten. Rabbi Schammai, ein besonders strenger Gesetzesausleger zur Zeit Jesu, verbot sogar, am Sabbat Kranke zu trösten. Man kann das nur verstehen, wenn man weiß, dass die Einhaltung des Sabbats im Lauf der Zeit neben der Beschneidung zu *dem* Identifikationsmarker des Judentums schlechthin geworden war. Fromme Juden hatten sich zur Zeit der Makkabäer-Aufstände, aber auch während der Römerherrschaft, lieber grausam hinmetzeln lassen, als sich am Sabbat gegen feindliche Soldaten zu wehren. Jude zu sein, bedeutete: den Sabbat zu halten, und koste es das eigene Leben. Das heißt, dass Jesus mit seiner liberalen Sabbatauslegung zutiefst die jüdische Identität gefährdete.

»Er aber kannte ihre Gedanken und sprach zu dem Mann mit der verdorrten Hand: ›Steh auf und tritt in die Mitte!‹ Und er stand auf und trat vor.« Als frommer Jude weiß Jesus selbstverständlich um die Bedeutsamkeit des Sabbats. Ganz bewusst geht er also an dieser Stelle in den Konflikt. Es kann nicht sein, so seine feste Überzeugung, dass eine Religion, die sich auf Gott, seinen himmlischen Vater, beruft, sich so sehr auf Symbole zurückzieht, dass sie Menschen schadet, statt ihnen zu nützen. Jesus war nicht bereit, eine Auslegung des Gesetzes zuzulassen, die Menschen auch nur einen Tag länger leiden ließ als nötig. Und weil ihm das so wichtig war, heilt er den Kranken auch nicht im Verborgenen. Er ruft den Mann bewusst in die Mitte, dorthin, wo aller Augen sich auf ihn bzw. auf das Handeln Jesu richten, und fragt: *»Ist's erlaubt, am Sabbat Gutes zu tun oder Böses zu tun, Leben zu retten oder zu verderben?«*

Diese Alternative hätten die Gegner Jesu freilich nicht akzeptiert. Zwischen »Gutes tun« und »Böses tun« besteht schließlich ein himmelweiter Unterschied. Zwischen diesem eindeutigen Schwarz und Weiß gibt es jede Menge Grautöne. Doch offensichtlich nicht für Jesus. Für ihn gab es keinen Zwischenraum zwischen dem Tun des Guten und dem Tun des Bösen. Das Unterlassen des Guten ist für ihn immer ein Begehen des Bösen. Auch und gerade am Sabbat. Denn das ist doch der tiefste Sinn des Sabbats: dass inmitten einer ver-rückten, gottvergessenen, ja mitunter sogar gottfeindlichen Welt und Umwelt die wahre Liebe zu Gott und die wahre Liebe zum Nächsten wiederhergestellt wird. Keine Auslegung des Sabbatgebotes darf in den Augen Jesu von diesem Ziel wegführen. *»Der Sabbat ist um des Menschen Willen gemacht und nicht der Mensch um des Sabbats Willen«*, heißt es im Markusevangelium (2,27).

»Und er sah sie alle ringsum an und sprach zu ihm: ›Strecke deine Hand aus!‹ Und er tat's; da wurde seine Hand wieder gesund.« Jesus schaut jedem einzelnen seiner Gegner direkt in die Augen, ganz ähnlich, wie ein Löwendompteur es tut. Hier ist ein Mensch, der leidet. Ein Mensch, dessen rechte Hand verdorrt ist, lebt nicht das Leben, das er gerne leben möchte. Mag sein, dass er gelernt hat, seine Behinderung einigermaßen zu kompensieren. Doch könnte er sehr viel mehr, wenn ihm auch seine andere Hand wieder zur Verfügung stünde. Darum steht in dieser Geschichte etwas »Prinzipielles« auf dem Spiel: dass man sich nämlich niemals auf Gott und seine Gebote berufen darf, wenn man Menschen in ihrer Not nicht beisteht.

»Strecke deine Hand aus!«, fordert Jesus den Mann auf. Und dieser tut's – und wird gesund. Eigenartig: Jesus fordert den Mann auf, genau das zu tun, was er eigentlich nicht kann: seine Hand auszustrecken. Doch irgendetwas an der Art des Mannes aus Nazareth lässt den Kranken etwas empfinden, das ihm so vorher noch nicht untergekommen ist. Nennen wir es Autorität, göttliche Vollmacht: eine ihm bislang unbekannte Möglichkeit, aus der Kraft Gottes heraus zu reden und zu handeln. So folgt er den Worten Jesu in einer eigentümlichen Mischung aus Respekt, Vorsicht, Gehorsam und Vertrauen. Er tut das, was ihm vorher unmöglich gewesen ist, und streckt seine

Hand aus. Es ist, als ob das Wort Jesu in diesem Mann einen Raum des Vertrauens eröffnet, in dem Gott an ihm handeln und ihn heilen kann. Eine Heilung, die Gott alleine bewirkt – und die doch nicht ohne Zutun des Menschen geschieht. Die vormals verdorrte, vertrocknete und tote Hand verwandelt sich durch das Vertrauen in das Wort Jesu in eine lebendige, schöpferisch-werktätige, heilende, opfernde und segnende Hand.

»Sie aber wurden ganz von Sinnen und beredeten sich miteinander, was sie Jesus tun wollten.« So endet die Erzählung bei Lukas. Die Evangelisten Markus und Matthäus berichten hingegen weiter, dass die Gegner Jesu an diesem Tage beschlossen, ihn zu töten (Markus 3,6; Matthäus 12,14). Dieses Wunder war quasi der erste Dominostein, der am Ende zu seiner Kreuzigung führte. Ironie des Schicksals: Jemanden am Sabbat töten zu wollen, lässt sich mit mancher Art von Frömmigkeit offenbar problemlos vereinbaren, wohingegen die Heilung eines Menschen am Sabbat als Todsünde beurteilt wird. Die Geschichte zeigt also, welche Folgen es haben kann, wenn Menschen die Loyalität gegenüber irgendeinem gedanklichen, ethischen oder auch kirchlichen System über die konkrete Zuwendung zu Gott und unseren Mitmenschen stellen.

Der evangelische Patient

Im Neuen Testament werden von Jesus vier Heilungen am Sabbat berichtet. Diese aber scheint die erste gewesen zu sein. Deswegen wird sie trotz ihres wenig spektakulären Charakters gleich von drei der vier Evangelisten erwähnt. Dass sie überdies in einer Synagoge stattfindet, also während oder am Rande des Gottesdienstes, ist ebenfalls bedeutsam. Auf der einen Seite steht die große, heilige Ordnung, auf der anderen Seite ein Mann mit einer Behinderung, deren Heilung man problemlos auch um einen Tag hätte verschieben können. Doch Jesus entscheidet sich dafür, dem Mann sofort zu helfen. Damit sagt er auch etwas über den Sinn des Sabbats aus und darüber, dass Gottesdienste die Funktion haben sollten, die Hände und (wie wir im Blick auf die anwesenden Pharisäer und Schriftgelehrten sagen können) die Herzen derer zu heilen, die diesen Gottesdienst besuchen.

Hier – am Ort und am Tag des Gottesdienstes – offenbart sich eine der größten Nöte unserer Kirche: Nämlich, dass viele Menschen, die in unsere Gottesdienste kommen, ihre *»Hand nicht ausstrecken«* können. Viele beklagen sich darüber, dass nur noch so wenige Menschen unsere Gottesdienste besuchen. *»Wenn einige von unseren Leuten nicht nur an Weihnachten auftauchen würden, sondern auch unter dem Jahr mithelfen, dann wäre es um unsere Gemeinde viel besser bestellt«*, sagte mir mal ein Pfarrer. Doch ich bin mir da nicht so sicher. Zweifellos gibt es außerhalb unserer Gottesdienste viele Menschen, die in irgendeiner Weise der Heilung bedürfen. Die Geschichte von dem Mann mit der verdorrten Hand aber weist uns darauf hin, den Blick erst einmal auf uns selbst zu richten: auf uns, die wir den Gottesdienst besuchen, die wir zum inneren Kreis gehören, auf uns als so genannte »Kerngemeinde«.

Nun ist es in der heutigen kirchlichen Diskussion leider üblich geworden, auf der »Kerngemeinde« herumzuhacken. So kann man hören, dass doch auch Menschen, die nicht in den Gottesdienst gehen, gute Christinnen und Christen sein könnten. Außerdem könne eine Volkskirche sich nicht damit begnügen, 90 Prozent ihrer Mittel in

Angebote und Veranstaltungen zu investieren, die nur 10 Prozent zugutekämen. Stimmt. Trotzdem würde ich mir zuallererst mehr Wertschätzung denen gegenüber wünschen, die sich aktiv in unseren Gemeinden beteiligen, und das ist eben die »Kerngemeinde«. Deren Zustand ist vielleicht nicht überall der beste, aber sie wird grundlegend durch die Leute geformt, die wir vor Ort haben. Das ist die Kirche aus »*lebendigen* (das heißt unbehauenen) *Steinen*«: roh, kantig, nicht immer zueinander passend und manchmal schwer ins Gefüge einzubinden. Aber es sind die Steine, die nun einmal vorhanden sind. Mit ihnen will Jesus seine Gemeinde bauen (vgl. 1. Petrus 2,4–9).

Also: Gehen wir gut und wertschätzend mit unseren Kerngemeinden um, denn wenn die uns auch noch wegbrechen, werden unsere Probleme nicht kleiner, sondern größer. Wo sollen denn die ganzen Christinnen und Christen außerhalb der Kerngemeinde herkommen? Wenn wir uns nicht mit einem platt ethischen Verständnis von Christsein begnügen, demzufolge man schon dann Christ oder Christin ist, wenn man sich sozial engagiert oder ein »anständiger Mensch« ist, dann müssen wir fragen, wo der Glaube entstehen soll, wenn nicht in unseren Gemeinden? Glauben fällt ja nicht senkrecht vom Himmel, sondern wird einem von anderen Christinnen und Christen vermittelt: in Gottesdienst, Unterricht und Jugendgruppen, in Einzelgesprächen, Glaubenskursen und gemeinsamen Aktivitäten etc. Und all das findet zwar nicht ausschließlich, aber doch meistens in der Nähe unserer Kerngemeinden statt.

Aber gerade, weil dem so ist und weil unsere Kerngemeinden von so zentraler Bedeutung sind, müssen wir bei aller Wertschätzung auch auf das »Verdorrte« inmitten unserer Gemeinden hinweisen. Und das ist für alle

Beteiligten unangenehm. Bedenken Sie: Der Mann aus unserer Geschichte bat nicht von sich aus um Heilung. Es war ihm sicherlich peinlich, als Jesus ihn in die Mitte rief, dorthin, wo er den Blicken aller ausgesetzt war, und jener ihn aufforderte, seine Hand auszustrecken.

»Strecke deine Hand aus«

Ein Mensch mit einer »verdorrten Hand« kann überall dabei sein, überall mitreden, überall seine Meinung und Kommentare abgeben, er kann den Gottesdienst besuchen und an zahllosen Sitzungen teilnehmen. Er ist mittendrin – und irgendwie doch nicht dabei. Denn seine Hand ist auf die eine oder andere Weise »verdorrt«. Um das an ein paar Beispielen zu verdeutlichen:

- Menschen mit einer »verdorrten Hand« können diese nicht ausstrecken, um mit anzupacken und zu tragen. Das kennen wir wahrscheinlich alle: Menschen, die zwar die ganze Zeit mit dabei sind und gute Ratschläge geben – aber sobald es etwas zu tun gibt, sind sie plötzlich verschwunden oder stehen hilflos rum.
- Menschen mit einer »verdorrten Hand« können anderen nicht die Hände reichen. Zum Beispiel im Gottesdienst, wenn jemand Neues auftaucht, auch wenn dieser sich sehr wünschen würde, einfach mal angesprochen zu werden. Andere haben ihre Probleme eher im Alltag, wo es ihnen unendlich schwerfällt, ihren Mitmenschen versöhnlich die Hand zu reichen.
- Menschen mit einer »verdorrten Hand« können diese auch nicht ausstrecken, um ein Opfer darzubringen. Zwar müssen wir keine Opfer bringen, um uns Gottes

Zuwendung zu erkaufen. Aber in Hinblick auf unseren Auftrag in Kirche und Welt sind wir immer wieder aufgefordert, unsere Komfortzone zu verlassen. Wir sind zu einem Leben in Liebe berufen, und das geht nicht ohne Opfer an Zeit, Kraft – und Geld.

• Menschen mit einer »verdorrten Hand« können diese nicht ausstrecken, um zu trösten und zu segnen. Natürlich kann man das auch, ohne seine Hände zu benutzen. Aber viele können es weder so noch so. Dabei ist dies eine der wichtigsten Aufgaben von uns Christinnen und Christen, die Mutlosen, Mühseligen und Beladenen aufzurichten, tröstende Worte und hilfreiche Gesten zu finden für Menschen, deren Vertrauen angeknackst ist, und zu segnen, wo es mit unserer menschlichen Kraft allein nicht getan ist.

• Menschen mit einer »verdorrten Hand« können manchmal auch nicht beten. Dieser Punkt ist für Sie vielleicht überraschend, aber zurzeit Jesu streckte man seine Hände aus, um zu beten. Auch wenn das Entscheidende beim Beten die Herz-zu-Herz-Beziehung zwischen einem Menschen und Gott ist, ist es doch erstaunlich, wie viele Menschen unsere Gottesdienste, Gruppen und Gremien besuchen, die sich überhaupt nicht nach Gott ausstrecken, sondern in ihrem Leben ganz und gar bei sich selber bleiben.

Drei Hinweise sind mir dabei wichtig. Erstens: Diese Aufzählung soll deutlich machen, dass wahrscheinlich alle von uns auf die eine oder andere Weise Symptome einer »verdorrten Hand« aufweisen. Nicht auf »die in der Kerngemeinde« oder auf »die da draußen« sollen wir bei der Auslegung unserer Geschichte schauen, sondern auf uns selbst. Vielleicht haben wir – wie der Mann in der Geschichte – nie Heilung dafür begehrt, aber wir brauchen sie. Vielleicht haben wir uns damit arrangiert, aber nicht nur uns, sondern auch unseren Mitmenschen geht so Entscheidendes verloren.

Ein zweiter Hinweis: Das Ganze hat nichts mit Moral zu tun. Es ist ja nicht so, dass der Mann aus unserer Geschichte seine Hand nicht ausstrecken will, er kann es nicht. Durch moralischen Druck (»*Jetzt tu endlich etwas!*«) oder raffinierte Motivationskünste (»*Versuch's mal, es ist ganz leicht!*«) ist diese Not nicht zu lösen. Ein solcher Mensch muss geheilt werden. Er muss von Jesus berührt werden. Erst daraufhin löst sich die Erstarrung seiner Hand, und er kann sie ausstrecken.

Und drittens: Das Ganze hat mit mangelnder Wertschätzung nicht das Geringste zu tun. Natürlich muss man darauf achten, in welchem Ton – und vor allem: in welchem Geist – man diese Frage anspricht. Da wir Fehler und Fehlendes bei anderen leichter entdecken als bei uns, tun wir gut daran, an dieser Stelle bei uns selbst zuerst nachzufragen. Ungebetene Ratschläge sind immer eine heikle Sache. Aber wenn Menschen von ihren beiden Händen nur eine benutzen könnten und es eine Heilungsmöglichkeit für sie gäbe: Wäre es wirklich ein Zeichen von Wertschätzung, wenn wir ihnen das verschwiegen, oder nicht vielmehr von mangelnder Liebe und Empathie?

Hier existiert keine allgemeine Antwort, hier ist Fingerspitzengefühl gefragt. Auch der Mann aus unserer Geschichte fragt nicht nach Heilung. Trotzdem spricht ihn Jesus an, und der Mann nimmt das Angebot auch dankbar an. Das steht so zwar nicht im Text. Aber wenn Ihnen nach langer Zeit, in der Sie nur eine Ihrer beiden Hände benutzen konnten, plötzlich wieder beide zur Verfügung stehen, sind Sie genau dies: dankbar.

Die rechte und die linke Hand

Dass Menschen in unsere Gemeinden kommen, ja vielleicht sogar mitarbeiten, heißt nicht, dass sie keine »verdorrte Hand« haben. In vielen Fällen ist es so, dass sie einfach nur ihre gesunde Hand benutzen. Das kann man nicht genug wertschätzen. Aber ihre andere bedarf trotzdem der Heilung. An dieser Stelle erlaube ich mir mal, unseren Text zu »allegorisieren«, wie man das in der Fachsprache nennt. Das ist in Theologenkreisen ein wenig verpönt, aber wenn es darum geht, Kirche weiterzuentwickeln, vielleicht ganz hilfreich. Einen Text allegorisch auszulegen heißt, ihn im übertragenen Sinne zu verwenden. So gesehen haben nämlich alle Glaubenden so etwas wie eine »rechte« und eine »linke« Hand.

Und hier kommt meine Allegorie: Die eine Hand steht für alles, was wir für unsere Mitmenschen tun, die Nächstenliebe. Die andere Hand steht für das, was wir für Gott tun, also unsere Gottesliebe. Fakt ist, dass idealerweise beide Hände zusammenarbeiten sollten. Zwar kann die linke Hand mit einiger Übung auch Aufgaben der rechten übernehmen und umgekehrt. Aber niemals ist eine Hand allein in der Lage, das Zusammenspiel beider Hände zu ersetzen. Das gilt auch im übertragenen Sinn. Unsere Gottesliebe mag noch so ausgeprägt sein: Wenn uns die Nächstenliebe fehlt, haben wir eine »verdorrte Hand«. Und umgekehrt: Wir mögen uns noch so viel einsetzen im Dienst an unseren Mitmenschen – wenn uns jegliche Spiritualität abgeht, ist es die andere Hand, die verdorrt ist. So oder so bleiben wir deutlich unterhalb unseres Potentials, oder fromm gesprochen: unterhalb unserer Berufung.

Im »richtigen Leben« ist es so, dass manche Menschen nur einen Arm oder eine Hand benutzen können.

Es ist nicht leicht, aber sie können sich damit arrangieren. Im übertragenen, geistlichen Sinn hingegen ist der Wegfall einer der beiden genannten »Hände« schlichtweg eine Katastrophe. Denn wenn eine unserer Hände ausfällt, fehlt das, was erst durch das Zusammenspiel der beiden Hände möglich wird. Mit zwei gesunden Händen bewirken wir nicht nur doppelt so viel wie mit einer, sondern deutlich mehr. Es ist nicht nur ein quantitativer Schritt, sondern ein qualitativer Sprung. Wo immer Menschen Gott lieben, aber nicht ihren Nächsten, ist das eine Katastrophe. Und wo sie sich hingebungsvoll einsetzen für ihre Mitmenschen, aber ihre Gottesbeziehung vernachlässigen, ist das eine Tragödie. Naturgemäß hat jede und jeder von uns eine vergleichsweise stärkere Hand, das ist völlig normal. Wichtig aber ist das Zusammenspiel der beiden Hände. Dass wir in unserer Gottesliebe weltzugewandt bleiben und in unserer Nächstenliebe spirituell.

Und hier möge jede und jeder vor allem auf sich selber schauen. Und nicht nur Einzelpersonen, sondern auch Gemeinden haben oft eine »verdorrte Hand«. Die Geschichte von der Heilung der verdorrten Hand ist deshalb wie ein Aufruf zur Ganzwerdung. Dass wir integrieren, was an bzw. in uns an abgestorbenen Anteilen existiert. Denn nur so können wir unser volles Potenzial entfalten – unser eigenes und das unserer Gemeinden.

Die Heilung der Herzen

Jesus gelingt es zwar, den Mann zu heilen, doch bei seinen Gegnern scheitert er. Warum?

Es ist nicht ihre Hand, die taub und abgestorben ist, sondern ihr Herz. Und an das Herz eines Menschen ist ungleich schwieriger heranzukommen. Die Tür zu einem Herzen öffnet sich nämlich nur von innen. Von außen kann man locken, werben, schmeicheln, man kann argumentieren und vernünftig reden oder drohen, schimpfen und klopfen: Das alles nutzt nichts, wenn der Mensch sich in seinem Inneren nicht darauf einlässt.

Damit stehen wir wieder einmal vor dem Wunder des Glaubens, das bei dem einen geschieht – und beim anderen eben nicht. Liegt das Problem bei Gott: dass er nicht kann? Oder beim Menschen: dass er nicht will? Alle Antworten in dieser Hinsicht sind unbefriedigend bzw. kosten einen hohen theologischen Preis. Auf der einen Seite steht die Freiheit des Menschen, auf der anderen Seite die Souveränität Gottes auf dem Spiel.

Fest steht: Mehr als alles andere brauchen wir die Heilung unserer Herzen. Auch der Mann in unserer Geschichte hätte niemals seine Hand ausgestreckt, wenn Jesus nicht zuvor sein Herz berührt hätte. Offensichtlich ist es so, dass eine Heilung des eigenen Herzens nicht ohne unser Zutun erfolgen kann. Und doch sind wir unfähig, sie selber zu vollziehen, das heißt den entscheidenden Schritt kann und muss Gott bzw. Jesus tun. Allerdings: Was in der Theorie ein schwieriges Problem ist, erweist sich in der Praxis als ein durchaus begehbares Feld. Die vier Eckpunkte dieses Feldes sind:

1. Achten wir auf allen Ebenen kirchlicher und diakonischer Zusammenarbeit auf das Zusammenspiel beider »Hände«. Christinnen und Christen oder auch Gemeinden können durchaus eher diakonisch oder eher missionarisch ausgerichtet sein. Nicht in Ordnung ist es, wenn eine der beiden Hände – egal welche – »ver-

dorrt« ist und gar nicht mehr benutzt wird. Nur eine Hand zu benutzen ist weniger als die Hälfte der Miete. Wer immer in Kirche und Diakonie eine Leitungsfunktion hat, sollte über dieses Zusammenspiel wachen.

2. Arbeiten wir nicht mit Appellen und Motivationskünsten, sondern bringen wir Menschen in die Nähe Jesu. Denn dort passiert das, was wohlmeinende Ermunterungen nicht bewirken können: eine tiefgreifende Veränderung unserer Herzen, der früher oder später die Heilung unserer verdorrten Hand folgt. Alle kirchen- und diakonieentwickelnden Pläne und Aktionen greifen zu kurz, wenn wir diesen Faktor übersehen. Es gibt keine nachhaltige Kirchenentwicklung und auch keine diakonische Profilbildung an der Person Jesu vorbei.

3. Machen wir den Menschen Mut, ihre bislang nicht funktionsfähige Hand auszustrecken. Voraussetzung dafür ist, dass wir das zunächst an uns selbst geschehen lassen. Manche werden eine solche »An-mutung« als »Zu-mutung« empfinden. Wichtig ist deswegen unsere Haltung, die nicht von oben herab und schon gar nicht vorwurfsvoll sein darf, sondern demütig und dienend. Menschen in ihrem Engagement zu mehr Spiritualität und in ihrer Frömmigkeit zu mehr Nächstenliebe zu ermutigen und damit das Zusammenspiel der beiden »Hände« zu fördern, ist Seelsorge pur, weil es Menschen wie Gemeinden zur Ganzheit bzw. Integration bislang abgespaltener Anteile verhilft.

4. Lassen wir anderen ihre Freiheit, wenn sie ihre Herzen nicht öffnen. So selbstverständlich das klingt, ist es leider alles andere als das. Der Glauben und auch das Engagement anderer ist und bleibt für uns unverfügbar. Wenn wir näher darüber nachdenken, können wir ergänzen: Gott sei Dank! Wir können versuchen,

Brücken zu bauen, Vertrauen zu schaffen und auch die eine oder andere Ermutigung zu geben, aber letzten Endes entscheidet der jeweilige Mensch selbst, ob er sein Herz oder auch seine Hände für Gott und seine Mitmenschen öffnet. Darum gehören Mission, Diakonie und Respekt zusammen.

Da kam einer von den Vorstehern der Synagoge, mit Namen Jaïrus. Und als er Jesus sah, fiel er ihm zu Füßen und bat ihn:» Meine Tochter liegt in den letzten Zügen; komm und lege ihr die Hände auf, dass sie gesund werde und lebe.« Da kamen Leute vom Vorsteher der Synagoge und sprachen:» Deine Tochter ist gestorben; was bemühst du weiter den Meister?« Jesus aber hörte nicht auf das, was da gesagt wurde, und sprach zu dem Vorsteher: » Fürchte dich nicht, glaube nur!« Und sie kamen in das Haus des Vorstehers, und er sah das Getümmel und wie sehr sie weinten und heulten. Und er ging hinein und sprach zu ihnen:» Was lärmt und weint ihr? Das Kind ist nicht gestorben, sondern es schläft.« Und sie verlachten ihn. Da ergriff er das Kind bei der Hand und sprach zu ihm:» Talita kum!« – das heißt übersetzt:» Mädchen, ich sage dir, steh auf!« Und sogleich stand das Mädchen auf und ging umher; es war aber zwölf Jahre alt. Und sie entsetzten sich sogleich über die Maßen. Und er gebot ihnen streng, dass es niemand wissen sollte, und sagte, sie sollten ihr zu essen geben.

10. Glaube – auf einem starken Fundament stehen

Die Tochter des Jaïrus – Markus 5,22–23.35–42

» Es ist aber der Glaube eine feste Zuversicht dessen, was man hofft, und ein Nichtzweifeln an dem, was man nicht sieht.« Dies steht im Hebräerbrief, im 11. Kapitel. Und Jaïrus, der Vater des sterbenden Mädchens, führt uns wie kein anderer Protagonist des Neuen Testaments vor Augen, was es bedeutet, gegen allen Zweifel, gegen alle Stimmen aus dem Umfeld, gegen die öffentliche

Meinung, gegen den Hohn der Kritiker und gegen die eigene Verzweiflung »anzuglauben«. Bildhaft gesprochen kann man sagen: Dieser Mann »glaubt« seine Tochter gesund.

Es lohnt sich, bei der Geschichte von der »Tochter des Jaïrus« einmal in die Rollen der Beteiligten zu springen. Stellen wir uns vor, wir wären Jaïrus und die Kirche wäre unser erkranktes Kind. Dann würden wir garantiert alles dafür tun, dass unsere »Tochter« wieder geheilt wird. Ja, wer als Elternteil jemals in ernsthafter Sorge um sein Kind war, der weiß, welche Ängste, aber auch welche Kräfte eine solche Erfahrung weckt. Und wie wichtig es ist, dass die Mutter und der Vater für und um das Leben ihres Kindes »kämpfen«. Hartnäckig, unbeirrt, aber auch mit dem Mut, Gott den eigenen Sprössling ans Herz zu legen – und sich von den vielen negativen Stimmen nicht kirre machen zu lassen.

Wie die Geschichte von Lazarus, der schon leicht angemodert war und dann von Jesus wieder auferweckt wird, will die Heilung dieser Tochter zeigen, dass es keine negative Kraft gibt, die der Macht Jesu gewachsen wäre. Nicht einmal der Tod vermag es, Gott standzuhalten. Was sehr tröstlich ist, weil diese Ermutigung ja bis heute gilt. Mit anderen Worten: So tot kann unsere Kirche gar nicht sein, als dass Gott nicht in der Lage wäre, sie neu zum Leben zu erwecken. Selbst das Tote vermag aufzuerstehen. Und wenn wir als Kirche nicht mehr verkünden, dass das Leben stärker ist als der Tod, wer sollte es dann tun?

Übrigens wird auch diese Geschichte nicht einfach als Einzelepisode berichtet. Sie gehört zu einem längeren inhaltlichen Erzählstrang, der die Hörenden auf einen Weg mitnimmt: Direkt vorher steht die Geschichte von der Heilung des Geraseners (Kapitel 4), die wir schon kennen und bei der es ja darum ging herauszufinden, wessen Geistes Kind wir sind, um nicht von falschen Kräften und Geistern bestimmt zu werden. Dabei lag der Schwerpunkt schon aufgrund der geographischen Verortung bei der Entscheidung: Wollen wir den Geist Jesu oder den Geist des Heidentums?

Bei der »Tochter des Jaïrus« wird diese Wahl zugespitzt, weil Jaïrus ein Vertreter des damaligen religiösen Establishments ist und damit grundsätzlich ein Gott-Gläubiger; aber einer, der (so die Intention des Autors) für sich erkannt hat, dass Jesus der verheißene Messias ist. Und um allen Lesenden die Bedeutung eines solchen »wahren, schönen, guten« Glaubens vor Augen zu führen, beschreibt das Markusevangelium im anschließenden Kapitel sehr eindrücklich, dass Jesus in seiner Heimatstadt Nazareth überhaupt keine Wundertaten vollbringen konnte. Warum? Weil die Menschen dort einfach nicht an ihn glauben wollten. Der Prophet gilt nichts in seiner Heimat – und deshalb kann Jesus von seinen ehemaligen Nachbarn und Spielkameraden auch keinen gesund machen.

Drei zusammenhängende Geschichten, die gemeinsam eine verblüffende Botschaft verkünden: Es braucht den Resonanzboden des Glaubens in den Menschen, damit Gott wirken kann. Das ist keine allgemeingültige Aussage über die Wirkmächtigkeit des Himmels: Gott könnte Menschen sicherlich auch gegen ihren Willen heilen – aber zumindest an dieser Stelle tut er es nicht. Er nötigt niemanden, gesund zu werden. Vermutlich, weil für ihn der freie Wille des Menschen an erster Stelle steht. Man kann niemandem zu seinem Glück zwingen. Das mit dem Glück funktioniert nur, wenn jemand auch glücklich werden will.

Deshalb gilt nach dieser Überlieferung tatsächlich: Wenn die Evangelische Kirche nicht gesund werden will, dann wird Gott sie voraussichtlich auch nicht unter Druck setzen. Weil das Unsinn wäre. Umso wichtiger ist deshalb die Frage, ob die Kirche und ihre Mitglieder wie Jaïrus der festen Überzeugung sind, dass sie wahrhaftig gesund werden können. Es hängt viel mehr an unserem Glauben, als wir manchmal denken. Und tatsächlich ist der Glaube das kraftvollste Medikament gegen die Gebrechen unserer Institution. Was das bedeutet, zeigt diese Wundergeschichte auf eindrückliche Weise.

Die Kraft des Vertrauens

Wie gesagt: Es ist kein Zufall, dass der Autor des Markusevangeliums hier einen Synagogenvorsteher auftreten lässt. Bei der Heilung der verkrümmten Frau (im Lukasevangelium) stand ein solcher Amtsinhaber als Stellvertreter für die Verbohrtheit des religiösen Systems. In diesem Fall dagegen verkörpert er die einsichtige Seite der geistlichen Elite, einen, der über seine Institution hinausdenkt. Bei der Heilung des Mannes mit der verdorrten Hand spielt ein Synagogenvorsteher sogar die Rolle des Ermöglichers, der Jesus Raum und Gelegenheit gibt, in seinem Gotteshaus zu predigen und zu heilen.

Hier, in der Person des Jaïrus, fällt der geistliche Leiter des Ortes vor Jesus auf die Knie und fleht ihn an. Das ist nicht nur die verzweifelte Geste eines Vaters, es ist auch ein öffentliches Bekenntnis. Das ist so, als würde Ihre Gemeindepfarrerin oder Ihr Gemeindepfarrer sich auf den Marktplatz stellen und lauthals verkünden: »*Ich habe jetzt erst verstanden, was wahrer Glaube ist.*« Jede und jeder im Ort kannte Jaïrus und wusste, was so ein Eingeständnis für ihn bedeutete. Dazu kommt: Wenn sich ein Synagogenvorsteher von Jesus Hilfe erhofft, dann signalisiert er damit ja zugleich, dass er von seinen bisherigen geistlichen Gepflogenheiten keine Hilfe mehr erwartet.

Und so erleben wir wieder einen Moment, in dem ein Mensch vorbehaltlos bereit ist, seine alten Muster, Ideale und Konventionen hinter sich zu lassen und sich ganz neu Gott anzuvertrauen. Für Jaïrus ist plötzlich klar: Heilung gibt es nur aus dem Glauben an Jesus, nicht von irgendwelchen institutionellen Sicherheiten. Und sein Niederwerfen in der Öffentlichkeit verkündet dem ganzen Ort die Nachricht: *» Vertraut nicht auf die Rituale, vertraut auf den lebendigen Gott, der durch Jesus spricht und in Jesus wirkt.«*

Interessanterweise behält Jaïrus als Führungspersönlichkeit trotz seines Kniefalls einen recht bestimmenden Ton: *»Komm und lege meiner Tochter die Hände auf, damit sie gesund werde und lebe!«* Wir haben das oben schon gehört, aber der Appell an die Evangelische Kirche ist hier genauso relevant: Es könnte hilfreich sein, wenn viele Glaubende rufen: *»Komm und lege unserer Kirche die Hände auf, damit sie gesund werde und lebe!«* Der Synagogenvorsteher zumindest hat anscheinend keinerlei Zweifel daran, dass Jesus dazu in der Lage ist.

Und dann passiert etwas Irritierendes: Jesus gerät nämlich in das antike Pendant eines Verkehrsstaus. Er wird auf dem Weg zum Haus von Jaïrus aufgehalten, weil eine blutflüssige Frau seine Hilfe in Anspruch nehmen will (Kapitel 5). Und als der Wander- und Wunderrabbi sich endlich wieder aufmachen kann, scheint es zu spät zu sein. Es tauchen Boten der Familie auf und verkünden: *»Ihr braucht euch nicht zu beeilen: Das Kind ist gerade gestorben.«* Es war alles umsonst. Aus und vorbei.

Haben Sie sich schon mal gefragt, was in diesem Moment in Jaïrus (der sich gerade als Jesusanhänger geoutet hat) vor sich gegangen ist? Jetzt ist nicht nur sein geliebtes Kind tot, er hat auch noch seinen Ruf aufs Spiel gesetzt. Die Verzweiflungstat war vergeblich. Er müsste resignieren oder wütend werden. Aber genau das macht er nicht. Offensichtlich ist sein Glaube, sein Vertrauen in Jesus kraftvoller als die vermeintlichen Fakten. Denn er bedrängt Jesus einfach weiter. So massiv, dass seine eigenen Leute ihn zurechtweisen: *»Deine Tochter ist gestorben; was bemühst du weiter den Meister?«*

Einer der bewegendsten Sätze dieser Geschichte lautet daher: *»Jesus hörte nicht auf das, was da gesagt wurde, und sprach zu dem Vorsteher: Fürchte dich nicht, glaube nur!«* Lass die Leute reden! Lass sie schlechte Botschaften verkünden! Lass sie aufgeben! Entscheidend ist, dass du nicht aufgibst. Wenn wir diese Situation in die Gegenwart übertragen, können wir sagen: Es wird wohl kaum eine Institution so oft für tot erklärt wie die Kirche. Das ist Ihnen bestimmt auch schon aufgefallen: Man findet selten einen Zeitungsartikel über kirchliche Belange, der nicht zumindest am Rand bemerkt: *»Der Kirche laufen die Schäfchen davon. Die Austrittszahlen sind verheerend. Und die Kirchensteuer wird auch immer knapper.«*

Allgemeine Schwarzseher sind aber nicht die Schlimmsten. Die Schlimmsten sind die Boten, die (wie bei Jaïrus) zur Familie gehören. Die kirchlichen Insider, die innerlich emigriert sind und ihren Glauben an die eigene Arbeit irgendwo auf dem Weg zurückgelassen haben: *»Gib dir keine Mühe, das klappt eh nicht.«* ... *»Deine Tochter ist tot.«* ... *»Wir müssen uns damit abfinden, dass wir schrumpfen«* ... *»Die Kirche ist tot!«* ... *»Lass Jesus damit bitte in Ruhe!«* Aber Jesus will gar nicht in Ruhe gelassen werden. Im Gegenteil: In diesem heiklen Moment, in dem selbst die Vertrauten des Synagogenvorstehers ihm die Hoffnung rauben möchten, sagt Jesus: *»Fürchte dich nicht, glaube nur!«* Glaube nur! Allein aus Glauben kann die Welt gerettet werden.

Als wäre das noch nicht genug, treffen Jesus und Jaïrus (die zum Glück weitergelaufen sind) am Totenbett direkt auf die Horde der Klageweiber. Frauen, die die damals üblichen Rituale zelebrieren: Trauerlieder anstimmen und Beten. An sich ein heiliger Brauch. (Wobei schon wieder deutlich wird, wie gerne der Autor des Markusevangeliums religiöse Rituale gegen Jesu lebendiges Heilshandeln ausspielt.) Doch was geschieht? Jesus pflaumt die Trauernden an: *»Was macht ihr hier für einen Lärm?«* Besonders freundlich ist das nicht. Und es meint ungefähr: *»Hört sofort auf mit diesen Abgesängen! Die braucht kein Mensch.«* Anschließend erklärt Jesus: *»Das Kind ist nicht gestorben, sondern es schläft.«*

Vielleicht sollten wir allen Unkenruferinnen und Schwarzsehern einfach mal laut zurufen: *»Hey, die Kirche ist nicht gestorben, sie schläft nur. Sie wirkt möglicherweise wie tot, aber da ist noch Leben drin! Lasst uns dafür sorgen, dass sie wieder aufwacht.«* Es ist allerdings wahrscheinlich, dass uns dann das Gleiche widerfährt wie Jesus. Der wird nämlich ausgelacht. Was in den Evangelien nicht oft passiert. Jesus wirkt für die Leute lächerlich! Ebenfalls eine zeitlose Erfahrung: Wenn ein Mensch erklärt, dass er an etwas Größeres glaubt, dass sein Glaube größer ist als die vermeintliche Wirklichkeit, wird es fast immer Zweifler geben, die ihn dafür auslachen. Glauben-Kaputt-Machern begegnen wir viel zu oft. Bedauerlicherweise. Selbsternannten Realisten, die ihre Sicht für das Maß aller Dinge halten und sich nicht vorstellen können, dass etwas darüber Hinausgehendes möglich ist.

Der Glaube aber kann das: Er hält daran fest, dass unsere menschliche Erkenntnis nicht der Weisheit letzter Schluss ist. Und dass Gottes Möglichkeiten unseren Erfahrungshorizont sprengen. Denn: Wenn Glaube nur das vor Augen hätte, was wir selbst für möglich halten, dann bräuchten wir ihn gar nicht. Glaube beginnt da, wo wir anfangen, über unseren Tellerrand hinauszuschauen. Und genau das macht Jesus im Haus des Jaïrus, indem er das Lachen der Anwesenden ignoriert: Lass die Ungläubigen lachen. Aber nimm sie nicht ernst.

Sechs Mal kommt in der Geschichte von der Heilung dieser Tochter ein Wort aus dem Bereich »Berühren« vor. Vielleicht, weil – wie oben schon erwähnt – unser Glaube erst da stark wird, wo wir uns von ihm berühren lassen. Auch Jesus berührt das Mädchen (womit er sich kultisch wieder einmal unrein macht) und sagt: »*Mädchen, steh auf!*« Schwupps ... steht die Zwölfjährige auf und läuft umher, als wäre nichts geschehen. Was für eine Freude! Die Klagegesellschaft aber freut sich nicht – wie so oft in den Heilungsgeschichten. Im Gegenteil: Die Menge ist entsetzt. Zumindest ist das der Gefühlsausbruch, den der Evangelist festhält, um deutlich zu machen: Wenn jemand nicht an Wunder glaubt, dann erschüttert es ihn zutiefst, wenn doch welche passieren.

Das Finale der Heilung ist dann scheinbar recht profan: Jesus bittet die Angehörigen, dem Mädchen etwas zu essen zu geben, damit es wieder zu Kräften kommt. Doch auch dieser Hinweis ist wichtig. Er zeigt, dass Wundergeschichten immer nur Momentaufnahmen sind. Mit der Auferweckung der Tochter ist die Handlung nicht vorbei. Jesus hat das Seine für die Genesung des Mädchens getan, jetzt ist die Familie dran. So wie in der ersten Phase der Glaube des Vaters und die Kraft Jesu zusammenspielen müssen, so gilt es auch in der zweiten Phase, die Gesundung mit allen Mitteln zu unterstützen. Nicht nur, um die Geheilte wieder aufzupäppeln, sondern auch, weil sie nach der Auferstehung nicht mehr die sein wird, die sie vorher war.

Die konkrete Handlungsanweisung zeigt, dass Glaube mehr ist als nur eine Herzenshaltung; er bringt immer aktives Tun mit sich. Zumindest in dieser Geschichte arbeiten Gott und Mensch Hand in Hand daran, dass ein für tot erklärtes Kind wieder ins Leben zurückfindet. Und das gilt auch, wenn wir dieses Kind als Stellvertreterin für die Evangelische Kirche verstehen: Guter Wille und starkes Vertrauen müssen praktische Konsequenzen haben. Dann besitzen sie Kraft, Wundervolles zu ermöglichen.

Der evangelische Patient

Wenn Glaube der Resonanzboden für Gottes Handeln ist und erst durch den Glauben der Menschen »Heilung« real werden kann, dann begreifen wir sofort, warum der Glaube für den Heilungsprozess der Kirche ein wirkmächtiges Medikament ist. Weil eine Evangelische Kirche aus Menschen, die überzeugt sind, dass Gott sie heilen kann, eine völlig andere Kirche sein wird als eine Gemeinschaft, die sich vor allem fragt, wie sie die Haushaltskürzungen der nächsten Jahre überstehen soll.

Um diesen Gedanken noch einmal auf den Punkt zu bringen: Im Neuen Testament wird mehrfach hervorgehoben, wie wichtig der Glaube dafür ist, dass Gottes Wirken Raum findet. Das heißt: Der Glaube ist quasi die

Eingangstür Gottes in die Wirklichkeit. Dabei gilt: Der Glaube vollbringt die Wunder natürlich nicht selbst. Die Heilung liegt allein in Gottes Hand. Aber sie geschieht in den meisten Fällen nur dort erfolgreich, wo die Kranken oder ihre Angehörigen diese Eingangstür weit aufmachen – und damit dem rettenden Handeln Gottes den Weg frei machen.

Es ist nicht so leicht zu sagen, wie man den Glauben einer ganzen Institution oder wenigstens der Menschen in einer Institution neu anfachen kann. Und doch zeigt diese Geschichte, dass das durchaus geht. Und manchmal fangen solche Paradigmenwechsel ganz unscheinbar an. Wir erinnern uns zum Beispiel an eine Tagung, an deren Ende ein Kollege beim Feedback sagte: »*Jetzt haben wir drei Tage lang über die Zukunft der Kirche nachgedacht. Ist euch aufgefallen, dass wir in diesen drei Tagen nicht einmal das Wort ›Jesus‹ und nicht einmal das Wort ›Gott‹ benutzt haben? Die spielten in all unserem Planen und Nachdenken keine Rolle. Als hätten sie zur Zukunft der Kirche keinerlei Beitrag zu leisten. Lasst uns das ändern!*« Die Institution, deren Herzensanliegen der Glaube ist, kann es sich nicht erlauben, über sich zu reden, ohne dass das Wirken Gottes dabei eine zentrale eine Rolle spielt.

Für ein ähnliches Erstaunen sorgte eine Kollegin, die eines Tages erklärte: »*Ich habe keine Lust mehr, bei Geburtstagsbesuchen als kirchliches Sahnehäubchen aufzutauchen, damit die (meist von ihren Verwandten belagerten) Jubilare nachher sagen können: ›Guck mal, die Pfarrerin war bei meinem Siebzigsten auch da!‹ Ich habe mich entschieden: Ich komme nur noch zu den Leuten, wenn ich auch eine Andacht halten darf. Denn das ist mein Auftrag ... und meine Leidenschaft.*« Und dann fügte sie fröhlich hinzu: »*Bislang hat noch keiner abgesagt.*

Im Gegenteil, die Leute freuen sich, dass die Pfarrerin das tut, wofür sie da ist: Sie redet von Gott. « Auf einmal wird aus einem Ritual ein Glaubensmoment.

Ja, Glauben kann man nicht machen. Das stimmt. Aber wenn man ihn zu oft verschweigt oder in den Hintergrund rutschen lässt, verhindert man ihn womöglich. Insofern gilt: Wenn die Evangelische Kirche sich selbst mal wieder eine gehörige Dosis »Glauben« verschreibt, wird sie ohne jeden Zweifel erleben, dass daraus eine Kraft erwächst, die den Status Quo überwindet und die Eingangstür für das Wirken Gottes öffnet. Zudem wird sie dann nicht nur das »Auslachen« der Zweifler und »Dementoren« entspannt ertragen, sie wird auch eine neue Ausstrahlung entwickeln: Wer an Wunder glaubt, der ist nämlich auch stolz auf seinen Gott.

Seien wir doch mal ehrlich: Warum sollten sich suchende Menschen in einer Evangelischen Kirche beheimaten, die ständig mit sich beschäftigt ist, selbstkasteiend betont, dass sie im Niedergang begriffen sei und wenig von dem ausstrahlt, für das sie steht. Eine Gemeinschaft dagegen, die vor Glauben strotzt, weil sie nicht auf sich selbst, sondern auf den Schöpfer des Lebens schaut, ist für viele Leute hochattraktiv.

Wie ein Bewusstwerdungsprozess im Bereich »Glauben« auf Gemeindeebene ganz praktisch aussehen kann, habe ich, Fabian, vor einigen Jahren mal in dem Ort ausprobiert, in dem meine Frau und ich uns damals die Pfarrstelle geteilt haben. Wir haben nämlich die Menschen ermutigt, während unseres dreimonatigen Studienurlaubs alle Gottesdienste völlig selbstständig zu gestalten … ohne Pfarrerin oder Pfarrer. Das Projekt hieß *»Gemeinde – allein zu Haus«*, war von der Kirchenleitung offiziell genehmigt und hat die Menschen erkennbar motiviert, bewusster über ihren persönlichen Glauben zu reflektieren.

Konkret wurden bei dieser Aktion für zwölf geplante Gottesdienste jeweils Teams von 8–10 Personen gegründet, die gemeinsam überlegt haben, was sie denn eigentlich der Gemeinde (und auch ein bisschen »der Welt«) über ihren jeweiligen Glauben – oder auch ihre Zweifel – im Gottesdienst erzählen möchten, natürlich ausgehend von einem gemeinsam ausgewählten Bibeltext. Zusätzlich war jede Gruppe eingeladen, für »ihren« Gottesdienst ein persönliches Glaubensbekenntnis zu formulieren, das dann in die Liturgie integriert werden sollte – damit die Gemeinde prüfen konnte, welche der Formulierungen sie beim Mitsprechen als anregend und welche möglicherweise als irritierend empfand, um so ebenfalls dem eigenen Glauben auf die Spur zu kommen.

Nicht nur, dass die zwölf Gottesdienste unglaublich berührend, einladend und zugleich familiär waren (wir haben uns als Pfarr-Ehepaar nach unserer Rückkehr die gesammelten Mitschnitte angeschaut), sie waren auch sehr gut besucht, weil der ganze Ort neugierig auf die Aktion war. Vor allem aber erklärten die Gemeindeglieder anschließend begeistert: *»Die intensive Beschäftigung mit unserem individuellen Glauben war zutiefst glaubensstiftend und -stärkend. Auch, dass wir gemeinsam mit anderen versucht haben, unsere jeweiligen Erfahrungen und Vorstellungen in ein eigenes Bekenntnis zu fassen, hat uns neu die Augen für Gott, Jesus, den Heiligen Geist und die Kirche geöffnet – und: Endlich waren wir mal nicht nur Konsumenten, sondern mit unserem persönlichen Glauben gefragt: Was glauben wir eigentlich?«*

Ich bin überzeugt, dass ein solches Projekt in vielen Gemeinden funktionieren würde – aber natürlich haben wir unsere Ehrenamtlichen darauf intensiv vorbereitet. Das begann damit, dass wir schon bei unserem Amtsantritt kommuniziert haben: »*Gottesdienste feiern nicht wir Schwarzkittel für euch, den feiern wir gemeinsam. Mit euch!*« Das bedeutete auch, dass wir auch vor »*Gemeinde – allein zu Haus*« regelmäßig Menschen in das Gottesdienstgeschehen integriert haben; nicht nur als Lesende, Betende oder Musikanten, sondern immer auch ganz bewusst mit ihren jeweiligen Fähigkeiten oder als Talkgäste: »*Wie beurteilen Sie als Rechtsanwältin ... als Landwirt ... als Optikerin ... als Bürgermeister ... als Schreinerin ... diesen biblischen Text?*« Menschen waren es also gewohnt, Gottesdienste mitzugestalten.

Dazu kamen ganz praktische Vorbereitungsmodule: zwei intensive Abende zum Thema »*Was passiert eigentlich in der Liturgie?*«, ein Seminartag zum Thema »Predigen« und viele gemeinsame Ideensammlungen. Mit der schönen Erfahrung: Als Pfarrer hatte ich bislang noch nie (wirklich: noch nie!) von einem Gemeindeglied die Bitte gehört, ich möge ihm doch mal einen biblischen Kommentar leihen. In den Wochen vor unserer Abreise dagegen klingelte es fast täglich an unserer Haustür: »*In unserem Gottesdienst wollen wir gerne einen Text aus dem Korintherbrief behandeln. Du hast doch da bestimmt ein bisschen Material für uns!*«

Erstaunlich für die ganze Gemeinde waren während des gesamten Prozesses die Reaktionen von außen. Viele Kolleginnen und Kollegen äußerten zum Beispiel Bedenken, bei denen die Sorge mitschwang: »*Wenn euer Experiment gelingt, dann braucht uns ja vielleicht keiner mehr.*« Wobei die Praxis zeigte: Die Ermutigung der Gemeinde, sich bewusster mit den eigenen Glaubensvorstellungen zu beschäftigen, braucht (gerade im Vorfeld) nicht weniger theologische Begleitung, sondern deutlich mehr. Und auch die Sorge, Laien könnten die Kanzel missbrauchen, erwies sich als unbegründet: Es war eher so, dass die Beteiligten einen hohen Respekt vor der Kanzel und der damit verbundenen Aufgabe hatten. So sehr, dass einige Gruppen lieber vom Ambo aus predigen wollten.

Entscheidend ist: Die Aktion »*Gemeinde – allein zu Hause*« hat tatsächlich viele Gemeindeglieder dazu gebracht, neu über die Relevanz des Glaubens für ihr Leben und für ihr Engagement in der Gemeinschaft nachzudenken. Und das wiederum hat dazu geführt, dass sie auch – so zumindest verschiedene Rückmeldungen – mit neuem Schwung und neuem Vertrauen an die Herausforderungen ihres Alltags herangegangen sind. Auch die Kirchengemeinde als Ganzes hat sich durch dieses Projekt nachhaltig verändert, weil das gestärkte Glaubens-Selbstbewusstsein der Menschen überall spürbar war. Dazu gehörte für alle Mitwirkenden die wohltuende Entdeckung: Mein Glaube stärkt andere, und ich werde durch den Glauben der anderen gestärkt. Anders ausgedrückt: Glaube steckt an!

Letztlich haben diejenigen, die während unseres Experiments zum ersten Mal selbst Verantwortung für die Gestaltung eines Gottesdienstes übernommen haben, nicht nur gelernt, das sonntägliche Geschehen mit den Augen einer Pfarrperson zu sehen, sie haben auch angefangen, die Gemeinde mit den Augen Jesu zu sehen; mit den Augen eines Menschen, der so voller Vertrauen auf Gott ist, dass er frohgemut sagen kann: »*Das Mädchen ist nicht tot, es schläft nur.*«

Nach etlichen Tagen ging er wieder nach Kapernaum; und es wurde bekannt, dass er im Hause war. Und es versammelten sich viele, sodass sie nicht Raum hatten, auch nicht draußen vor der Tür. Und es kamen einige, die brachten zu ihm einen Gelähmten, von vieren getragen. Und da sie ihn nicht zu ihm bringen konnten wegen der Menge, deckten sie das Dach auf, wo er war, gruben es auf und ließen das Bett herunter, auf dem der Gelähmte lag. Da nun Jesus ihren Glauben sah, sprach er zu dem Gelähmten:»Mein Sohn, deine Sünden sind dir vergeben.« Es saßen da aber einige Schriftgelehrte und dachten in ihren Herzen:»Wie redet der so? Er lästert Gott! Wer kann Sünden vergeben als Gott allein?« Und Jesus erkannte alsbald in seinem Geist, dass sie so bei sich selbst dachten, und sprach:»Was denkt ihr solches in euren Herzen? Was ist leichter, zu dem Gelähmten zu sagen: ,Dir sind deine Sünden vergeben', oder zu sagen: ›Steh auf, nimm dein Bett und geh hin?‹ Damit ihr aber wisst, dass der Menschensohn Vollmacht hat, Sünden zu vergeben auf Erden ...« – *sprach er zu dem Gelähmten:*»*Ich sage dir, steh auf, nimm dein Bett und geh heim!*«* Und er stand auf und ging hinaus vor aller Augen.*

11. Liebe – Beziehungen sind alles
Der Gichtbrüchige und seine Freunde – Markus 2,1-12

Was für eine merkwürdige Geschichte, in der niemand außer Jesus ein Wort spricht. Die Freunde des Gelähmten: zu geschäftig, dem Kranken zu helfen. Der Gelähmte selbst: zu hilflos, um seine Not in Worte zu fassen. Die umstehenden Menschen: zu konzentriert auf das, was Jesus sagt. Und die Gegner: zu sehr in ihre Taktikspielchen verwickelt, um aussprechen zu können, was sie wirklich denken. In einer Predigt hörte ich (Klaus) einmal, dies sei eine typische »Männergeschichte«. Multitasking – in diesem Fall: Reden und gleichzeitig handeln – sei nicht deren Ding. Was mich betrifft, kann ich das voll unterschreiben.

Auf den ersten Blick gleicht vieles in dieser Geschichte derjenigen, die uns im ersten Kapitel begegnet ist. Es geht wieder um einen Gelähmten. Auch hier verwendet Jesus die Worte »*Nimm deine Matte und geh!*« Und hier wie dort finden sich Menschen, die sich über das, was Jesus tut, aufregen. Der Grund ihres Anstoßes aber ist in diesem Fall ein anderer. Es handelt sich nämlich nicht um eine Heilung am Sabbat. Nein, die Tatsache, dass Jesus dem Gelähmten »einfach« die Schuld vergibt, ist für die Vertreter des frommen Establishments mindestens so gotteslästerlich wie sein Umgang mit dem Sabbatgebot.

Und noch einen Unterschied gibt es. Während der Kranke am Teich Betesda sagen muss: »*Herr, ich habe keinen Menschen*«, hat der Gelähmte aus unserer Geschichte gleich vier. Auf diese wollen wir in dieser Auslegung unser besonderes Augenmerk richten. Auf die Kraft tragender Beziehungen. Denn die Heilung des Gelähmten hätte sich nie ereignet, wenn es dieses Netz von Beziehungen nicht gegeben hätte.

Aber fangen wir vorn an. Jesus kehrt von einer seiner Wanderungen in seine Lieblingsstadt Kapernaum zurück. Während seines gesamten Wirkens in Galiläa ist dieser Ort so etwas wie seine operative Basis (vgl. Matthäus 9,1). Und weil man ihn und seine Heilungen hier kennt, zieht er schnell Menschen an. Natürlich kommen die vier Freunde, die den Gelähmten auf einer Bahre mit sich tragen, zu spät: Jesus ist schon mittendrin im Erzählen, und die Menschen, die einen guten Blick auf Jesus ergattert haben, sind nicht bereit, die fünf Freunde vorzulassen. Also müssen die Vier erfinderisch werden. Das können sie, weil sie wissen: Das Dach eines Hauses im antiken Israel besteht aus kreuz- und quergelegten Ästen und Zweigen, die eine gewalzte Schicht Heu, Erde und Lehm zusammenhält. Darum steht hier wörtlich, dass die Freunde das Dach »aufgruben«, was den Kern des Geschehens exakt trifft. Man kann sich das richtig vorstellen: Da die Freunde das Loch exakt über der Stelle graben, an der Jesus predigt, bekommt dieser garantiert mit, dass einzelne Erd- und Lehmklumpen sowie Staub und Zweige direkt auf ihn einprasseln … von der akustischen Störung ganz zu schweigen.

War das nun cool von den vier Freunden – oder unverschämt? War es liebevoll (dem Gelähmten gegenüber) oder war es lieblos, nämlich den vielen Menschen gegenüber, deren religiöses Erlebnis plötzlich empfindlich gestört wurde? Nun, wahrscheinlich haben sich die vier Freunde über all das keinerlei Gedanken gemacht. Sie hatten nur ein Ziel: ihren Freund zu Jesus zu bringen. Kennen Sie das: dass Sie etwas unbedingt wollen, so sehr, dass Sie sich von nichts und niemandem davon abbringen lassen? Und: Wann ist Ihnen das das letzte Mal passiert? Vielleicht als Sie um die Liebe Ihres Lebens warben (oder das, was Sie damals dafür hielten)? Oder als Sie unbedingt einen bestimmten Job haben wollten? Als »Glauben« bezeichnet unsere Geschichte diese innere Haltung. Dieses »*Komme, was da will. Ich will es um jeden Preis und ich schaffe das auch!*« – Haben Sie den Glauben schon mal unter diesem Gesichtspunkt gesehen?

Die meisten Menschen halten »Glauben« ja für eine vage Vermutung: »*Ich glaube, dass am Wochenende die Sonne scheint. Ich glaube, dass es Gott gibt.*« Jeder Christ und jede Christin weiß, dass ein solcher Glaube, der sich lediglich im Bereich der Vermutungen aufhält, keine große Kraft hat. Anders wird es, wenn wir das Wort »Glauben« mit »Vertrauen« übersetzen: Wenn wir nicht nur etwas vermuten, sondern unser Vertrauen in etwas setzen, wird der Glaube zu einer lebensgestaltenden Kraft. Vertrauen heißt: Ich vertraue mich jemandem an. Ich traue jemandem etwas zu. Ich riskiere etwas und bin überzeugt, dass sich mein Risiko lohnt. Dass christlicher Glaube mehr als Vertrauen zu verstehen ist denn als Vermutung, liegt auf der Hand.

In unserer Geschichte aber begegnet uns Glauben noch in einer dritten Weise, nämlich als so starke Gewissheit, dass wir alle Kraft dafür einsetzen, das von uns Geglaubte auch zu erreichen. Ich frage mich, wann ich so etwas in meinem Leben das letzte Mal erlebt habe. *Vermutungen* über Gott und die Welt habe ich jede Menge. *Vertrauen* fällt mir oft schon schwerer, aber auch das kenne ich natürlich, Gott sei Dank. Aber eine *Glaubensgewissheit*, die mich entschlossen handeln lässt? Ich habe das manchmal erlebt, aber die Situationen in meinem Leben sind doch eher überschaubar. Dabei merke ich im Rückblick: Es waren Erfahrungen des Erfüllt-Seins und des Gesegnet-Werdens. Und ich frage mich, wieviel mir im Leben entgangen ist, weil ich in zu vielen Situationen auf der sichereren Seite geblieben bin.

Vielleicht erleben wir deshalb heute so wenige Wunder, weil wir nicht bereit sind, an die Ränder zu gehen in unserem Einsatz für Gott und die Menschen. An die Ränder unserer Wohlfühlzone, an die Ränder unserer Gesellschaft und an die Ränder unserer Möglichkeiten. Die vier Freunde aus unserer Geschichte tun genau dies: Sie packen an und schleppen sich ab, damit Jesus ihren Freund anspricht, damit er ihn aufrichtet, damit er ihn heilt. So ein Glaube ist eine wirklichkeitsgestaltende Kraft. Und noch etwas lehrt uns unsere Geschichte: dass ein solcher Glaube sich leichter in einer liebevollen Gemeinschaft entwickelt, als wenn man alleine bleibt. Gemeint ist das in einem umfassenden Sinn:

- Der christliche Glaube *entsteht* in Gemeinschaft. Er fällt nicht einfach vom Himmel. Glauben ist seinem Kern nach Vertrauen. Und Vertrauen lernen wir nur, wenn wir uns an Menschen orientieren, die uns das vormachen. Vielleicht lernen wir erste Schritte auch, indem wir ein gutes Buch lesen, das uns zum Glauben animiert. Aber auch hier ist es der gleiche Vorgang: Glauben lernen wir durch andere Glaubende. Und am allerbesten geschieht das im Rahmen einer Gemeinschaft.
- Der christliche Glaube *wächst und gedeiht* in Gemeinschaft. »*Allein geht man ein*«, heißt es. Das gilt nicht nur, wenn wir – wie der Kranke in unserer Geschichte – buchstäblich »in den Seilen hängen«. Wenn ein Mensch anfängt zu glauben, ist sein Christsein wie ein Pflänzchen, das geschützt und gefördert werden muss. Jesus erzählt in einem Gleichnis von ausgesäten Saatkörnern, die erst aufgehen, aber dann von Vögeln aufgepickt, von der Sonne verdorrt oder von Unkraut erstickt werden. Ähnliches gilt aber auch für die erwachsene Pflanze. Ein einzelner Weizenhalm ist viel weniger überlebensfähig, als wenn er mit anderen auf dem Feld steht.
- Und: Der christliche Glaube *verstärkt* die Gemeinschaft. Nicht nur unser Glaube profitiert vom Glauben anderer, sondern andere profitieren auch von dem unsrigen (wie wir ja gerade im vorhergehenden Kapitel gesehen haben). In Prediger 4,12 heißt es: »*Einer mag überwältigt*

werden, aber zwei können widerstehen, und eine drei-fache Schnur reißt nicht leicht entzwei.« Eine dreifache Schnur ist nicht nur dreimal so stark wie eine einzelne, sondern sehr viel stärker. Unsere Geschichte ist eine wunderbare Illustration dieser Tatsache. Der Kranke allein hätte nicht zu Jesus gefunden. Glauben ist eine Gemeinschaftssache, ist Geben und Nehmen, ein wechselseitiger Ausgleich von Schwächen und Stärken.

»Da nun Jesus ihren Glauben sah, sprach er zu dem Gelähmten: Mein Sohn, deine Sünden sind dir vergeben.« – Als er *ihren* Glauben sah. Ist das nicht erstaunlich? Denn Glauben, so habe ich immer gelernt, kann man nicht für andere. Aber ist das wirklich so? In der Bibel gibt es Hinweise, dass das nicht ganz stimmt. In der Apostelgeschichte lassen sich zum Beispiel Menschen, die zum Glauben kommen, *»mit ihrem ganzen Hause«* taufen. Ungläubige Männer werden Paulus zufolge durch ihre gläubigen Frauen »geheiligt« und umgekehrt, ihre Kinder sowieso (1. Korinther 7,14). Und im Alten Testament ist der Glaube noch viel weniger Sache einer individuellen Lebensentscheidung als im Neuen. Der Gedanke, dass wir nur für uns selbst glauben können, entspricht in der Tat eher neuzeitlichem, vom Individualismus geprägten Denken. Und doch erleben wir auch heute noch die Kraft der Glaubensgemeinschaft. Ein Hauskreis trifft sich, ein Kirchenvorstand oder eine gottesdienstliche Gemeinschaft. Der eine glaubt sehr stark, der nächste übertrieben, jemand anderes voller Zweifel usw. Aber gerade Letzterer ist es vielleicht, der in einer scheinbar ausweglosen Situation die zündende Idee hat: *»Gehen wir einfach übers Dach.«* Das ist Zusammenwirken und Zusammenhalten. Und zusammen Glauben.

Es ist viel darüber gerätselt worden, warum Jesus ausgerechnet jetzt auf das Thema »Sünde und Vergebung« zu sprechen kommt. Doch wie wir schon in mehreren Geschichten gesehen haben, war es damals so, dass das Schicksal eines Menschen reflexhaft auf ein vorheriges Fehlverhalten zurückgeführt wurde. Das hatte zur Folge, dass ein Mensch, der etwa an einer Krankheit litt, nicht nur dieses Schicksal zu tragen hatte, sondern sich darüber hinaus auch fragen (lassen) musste, inwieweit er nicht selbst daran schuld war. Indem Jesus dem Gelähmten die Vergebung Gottes zuspricht, sagt er deshalb konkret: »*Gott ist auf diesen Menschen nicht böse. Seine Krankheit ist auch keine Strafe.*« Mit anderen Worten: Sucht beim Leiden eines Menschen nicht nach Schuld, sucht nach Perspektive! Fragt lieber, was ihr jetzt tun könnt und tun sollt bzw. wie Vertrauen und Glaubensgehorsam in eben dieser Situation aussehen können.

Womit wir wieder bei den vier Freunden wären. Denn manchmal ist es eben so, dass man selbst nichts mehr tun kann. Dann ist es gut, wenn wir Menschen in unserer Umgebung haben, die an unserer Stelle aktiv werden. Und die an unserer Stelle vertrauen, die uns tragen, die für uns Umwege gehen und die uns dabei helfen, trotz und inmitten unseres Leides Jesus, dem großen Heiler zu begegnen. Das ist Nächstenliebe.

Der evangelische Patient

Die christliche Gemeinde – und damit die Kirche als Ganzes – ist ihrem Wesen nach ein Beziehungsgeflecht. Im Hin und Her wechselseitiger liebevoller Interaktion entsteht jene geflochtene »Matte«, die in der Lage ist, nicht nur andere, sondern auch uns selbst in Zeiten zu tragen, in denen unser Glaube nicht auf eigenen Füßen stehen kann. Denn so sehr ich mich mit den vier Freunden aus der Geschichte identifizieren möchte, muss ich doch zugeben: Ich selbst bin immer wieder in der Situation des Gelähmten. Es gibt Punkte in meinem Leben, da bin ich darauf angewiesen, dass andere mich tragen.

In meinen Augen ist diese Art von »Mattengemeinschaft« (John Ortberg) ein wunderbares Bild für die christliche Gemeinde. Man bewegt sich gemeinsam auf Jesus zu, ist miteinander unterwegs und achtet aufeinander. Beziehungen sind alles. Das merken wir manchmal nicht, wenn wir gerade voll im Saft stehen. Da glauben wir, alles alleine zu schaffen. Aber das ist ein Trugschluss. Der Mensch, das wusste schon Aristoteles, ist ein soziales Wesen, er ist wesentlich Mit-Mensch. Vielleicht wird uns das nie bewusster als in der Zeit der sozialen Distanz während der Corona-Pandemie, die viele Menschen – nicht nur Alte und Kranke – an den Rand des Ertragbaren brachte.

Friedrich Schleiermacher, der bis heute einflussreiche »Godfather« der Theologie des 19. Jahrhunderts, schrieb in seinem Grundlagenwerk »Über die Religion« im Jahr 1799 die berühmten Zeilen: »*Ist die Religion einmal, so muss sie notwendig auch gesellig sein [...] Ihr müsst gestehen, dass es etwas höchst Widernatürliches ist, wenn der Mensch dasjenige, was er in sich erzeugt und ausgearbeitet hat, auch in sich verschließen will. In der beständigen [...] Wechselwirkung [...] soll er alles äußern und mitteilen, was in ihm ist.*« Es gibt kein Christentum ohne Gemeinschaft. Glaube, Liebe und Hoffnung sind keine Pflanzen, die für sich alleine wachsen. Darum ist das Wesen der christlichen Gemeinde Beziehungsarbeit. Es geht um das Stiften von Beziehungen, um die Pflege von Beziehungen und um die sinnvolle Ausrichtung der vorhandenen und neu entstehenden Beziehungsnetze auf Gott bzw. Jesus Christus hin. Denn christliche Gemeinschaft existiert nicht um ihrer selbst willen. Sie ist eine Gemeinschaft, die sich auf Jesus ausrichtet.

Wenn wir uns anschauen, was Jesus in den Jahren seines öffentlichen Wirkens gemacht hat, dann stellen wir fest: Er hat vor allem Beziehungen gestiftet. Er hat eine Gemeinschaft ins Leben gerufen und diese genährt, unterwiesen, begleitet und angeleitet, ihrer Mission nachzukommen. Vielleicht haben wir uns zu einseitig darauf fixiert, zu predigen und zu heilen, wie Jesus es tat, und dabei vergessen, dass es im christlichen Glauben wesentlich um Beziehungsarbeit geht. Wir beide predigen für unser Leben gern. Aber solange wir das Evangelium immer nur »senden« und nicht in echte Beziehungen mit den Menschen um uns herum treten, wird unsere Kommunikation in vielen Fällen ins Leere laufen. Eine Kirche, die Menschen nur Worte anbietet, aber keine Beziehungen, bietet ihnen nicht einmal das halbe Evangelium. Nicht umsonst heißt es: »*Lehrt sie und tauft sie*«: Vermittelt ihnen das Wort Gottes und nehmt sie in eure Gemeinschaft auf.

Kleiner, langsamer, näher

Wir schreiben dieses Kapitel unter dem Eindruck der Corona-Krise. Und wir erleben dabei gerade eine Bewegung weg von Veranstaltungen (die derzeit nur sehr eingeschränkt möglich sind) hin zu Beziehungen im Kleinen. Das muss man nicht gegeneinander ausspielen, im Idealfall geht beides miteinander Hand in Hand. Aber es ist eine deutliche Akzentverschiebung. Weg von »größer, schneller, weiter« hin zu »kleiner, langsamer und näher«. Vielleicht ist es auch eine Pendelbewegung zurück. Denn wir sind in den letzten Jahrzehnten zunehmend zu einer Veranstaltungs- und Angebotskirche geworden. Jetzt merken wir neu: Ohne den Aufbau und die Pflege von »Mattengemeinschaften« vor Ort wird unser Tun keinen Bestand haben. Wir werden im Großen nur insofern wirksam sein, wie wir im Kleinen wirksam sind.

Pfarrerinnen und Pfarrer werden ihren Auftrag, das Evangelium zu verkündigen, zukünftig nicht allein durch das Halten von Predigten absolvieren, sondern wesentlich durch das Stiften von Beziehungen. Und wer Beziehungen stiften will, muss selbst in Beziehungen investieren: in Seelsorge, Begleitung und den Aufbau kleiner geistlicher Gemeinschaften. Leider lassen die meisten Pfarrdienstordnungen unserer Kirchen für diese entscheidend wichtige Arbeit aber kaum Raum. Damit nehmen wir allem Predigen und Heilen den Nährboden und berauben uns ihrer nachhaltigen Wirkung.

Für fast alle Gemeinden waren die Lockdowns eine erhebliche Identitätskrise: Wer sind wir eigentlich, wenn wir keine Veranstaltungen mehr durchführen können? In relativ kurzer Zeit lernten wir, unsere Gottesdienste ins Netz zu stellen. Mit mehr oder weniger Erfolg. Aber was wir in diesen Monaten vor allen Dingen lernten, war Beziehungen aufzubauen und zu pflegen. Gremien, Hauskreise und andere Gruppen trafen sich per Videokonferenz, Seelsorgegespräche fanden mit nötigem Abstand, per Telefon oder Videotelefonie statt. Pfarrerinnen und Pfarrer boten Gottesdienste im Kleinformat an, die ihre Betonung vor allem auf den lebendigen Austausch legten. Und es ist zu hoffen, dass diese Art von gemeindlichem Leben auch über die Corona-Krise hinaus Bestand haben werden. Denn das Setzen auf Beziehungen ist keine Notlösung, sondern Gottes eigentliche Idee für seine Gemeinde.

»Cell and Celebration«

Unsere Geschichte kennt verschiedene Menschengruppen. Im Mittelpunkt steht (neben Jesus natürlich) die kleine Mattengemeinschaft. Dazu gibt es eine Menge von Menschen, die Jesus einfach nur zuhören. Das Verhältnis von großer Menge und kleiner Gruppe ist im Neuen Testament ein durchgängiges Motiv. Ja, es scheint, die Urgemeinde selbst hat sich in einer vergleichbaren Doppelstruktur aufgebaut. In Apostelgeschichte 2,46 heißt es: *»Sie waren täglich einmütig beieinander im Tempel und brachen das Brot hier und dort in den Häusern«.* Wir glauben, dass damit ein bleibendes Kennzeichen der Gemeinde beschrieben ist: Es gibt zum einen die große, feiernde und zuschauende Menge. Zum anderen aber auch die kleine Gruppe, in der man sich kennt, in der man sich über Fragen des Glaubens und des Lebens austauscht und in der man einander trägt.

»Cell and Celebration« nennt man im englischen Sprachraum diese Doppelstruktur. Und wir sollten beides auf keinen Fall gegeneinander ausspielen, denn das eine braucht das andere: Wir brauchen die große Gemeinschaft, in der das Evangelium öffentlich verkündet wird, in der man die Liebe Gottes miteinander feiert und miteinander begeistert ist. Denken wir an festliche Gottesdienste, an Rockmessen oder Bach-Oratorien, an Abendmahlsfeiern im Freien, an evangelistische Veranstaltungen oder an Bibelarbeiten im Rahmen des Kirchentags. Wahrscheinlich haben wir alle schon einmal an so einer Zusammenkunft

partizipiert und unser Glaube wurde davon inspiriert. Solcherlei Versammlungen gibt es viel zu wenig.

Auf der anderen Seite weist uns unser Text darauf hin, dass die große Menge der Menschen, die Jesus umgibt, eine durchaus ambivalente Größe ist. Als große Masse stehen diese Menschen mitunter im Weg, wenn es darum geht, dass der Einzelne Jesus begegnen möchte. Große Versammlungen mit einem bestimmten inhaltlichen wie emotionalen Zuschnitt ziehen viele Menschen an, stoßen andere aber auch ab. Das spricht nicht gegen derartige Versammlungen, wohl aber dafür, für verschiedene Menschen verschiedene Formate anzubieten. Und vor allem spricht es dafür, parallel dazu kleine Gruppen bereitzuhalten, in denen den Bedürfnissen des oder der jeweils Einzelnen Rechnung getragen wird. Wir brauchen also nicht nur die »Celebration«, wir brauchen auch die »Cell«. Diese brauchen wir vermutlich noch viel eher. Paulus zum Beispiel hat auf seinen Missionsreisen immer erst einmal eine »Cell« aufgebaut. »Gottesdienste«, wie wir sie kennen, gab es damals gar nicht. Die Zusammenkünfte bekamen, je größer sie wurden, mehr und mehr den Charakter einer gemeinsamen Feier aller Christinnen und Christen vor Ort, eben einer »Celebration«. Aber auch hier blieb der Grundcharakter eines sich gegenseitig ermutigenden und tragenden Beziehungsnetzes.

Alle Gemeinden, die wir kennen, die einen überdurchschnittlich hohen Gottesdienstbesuch zu verzeichnen haben, sind getragen durch ein Netz von kleinen geistlichen Gemeinschaften. Eine Gemeinde kann nur nach außen wachsen, wenn sie auch nach innen wächst. Man könnte es fast als Regel formulieren: Priorisiere die kleinen Gemeinschaften vor dem Gottesdienst – und du wirst erleben, dass auch der Gottesdienstbesuch wächst. *»This Church* *is build on friendship*«, sagt Nicky Gumbel, viele Jahre leitender Pastor einer der größten nicht-freikirchlichen Gemeinden in Europa: »*Diese Gemeinde ist auf Freundschaft aufgebaut.*«

Leider wurde die Hauskreis- und Kleingruppenarbeit in den letzten Jahren kirchlicherseits als überflüssiger Luxus bestimmter frommer Gruppierungen immer weniger gefördert. Entsprechend geht diese Arbeit auch zurück. Wir glauben, dass sich das als ziemlich verhängnisvoll erweisen wird. Denn wenn es um die Gesundung unserer Kirche geht, ist dies das Gebot der Stunde: kleine geistliche Gemeinschaften, Hauskreise, Lebenswortgruppen, Mentoringsysteme, Zweier- und Dreierschaften, Kleingruppen und Kleinstgruppen, in denen man miteinander Bibel liest, betet, Lebensfragen austauscht, aufeinander achtet, einander hilft, einander aufrichtet, einander geistlich begleitet und einander trägt.

Es ist kein Zufall, dass 51-mal im Neuen Testament das Wort »einander« vorkommt. Ein solches »Einander« ist in Versammlungen, die deutlich über zehn Personen hinausgehen, aber kaum darstellbar. Wir brauchen Beziehungsräume, in denen man füreinander da sein, beten, glauben, hoffen und lieben kann. Dabei geht es nicht darum, die Kerngemeinde noch mehr zu bedienen, sondern im Gegenteil: diese fit zu machen, die engen Grenzen der örtlichen Gemeinde zu überschreiten und Glaube, Liebe und Hoffnung in diese Welt zu bringen.

Kirche mit Mission

Seit gut 20 Jahren lösen sich die Grenzen der klassischen Ortsgemeinden mehr und mehr auf – und das ist gut so.

Denn es könnte dazu führen, dass die Kirche sich weniger mit sich selbst als vielmehr mit ihrer Mission beschäftigt. Diese besteht darin, andere Menschen zu Jesus, dem großen Heiler, zu bringen. Und dazu bedarf es vieler kleiner »Mattengemeinschaften«. Ich schaue dabei auf zwei Bewegungen, die derzeit in genau dieser Weise verfahren: Sie überschreiten die Grenzen der Ortsgemeinde und investieren sich in die Umwelt um sie herum. Sie wirken diakonisch und missionarisch zugleich und verändern dadurch wie ein Sauerteig die Gesellschaft.

Das eine ist die so genannte Fresh-X-Bewegung. »Fresh Expressions of Church« haben sich zunächst in England als Ergänzung zu den klassischen Kirchengemeinden etabliert: Über 4.000 davon sollen dort in den letzten 20 Jahren entstanden sein. Das Prinzip ist ganz einfach: Mehrere Christinnen und Christen tun sich zusammen, hören im Gebet auf Gott und gleichzeitig in ihr Umfeld hinein: Wo ist ein brennendes Thema, ein Problem oder eine Zielgruppe, die in besonderer Weise der Zuwendung bedarf, oder irgendein anderer Ansatzpunkt, das Evangelium weiterzugeben? Daraufhin baut die kleine Gruppe Beziehungen auf: Man tauscht sich aus, löst miteinander Probleme, erzählt dabei auch von seinem Glauben, lädt zu Versammlungen (oft eher Cells als Celebrations) ein und bildet auf diese Weise eine neue, völlig andersartige Gemeinde.

Das Schöne dabei ist, dass derartige Fresh Expressions höchst unterschiedliche Ansätze haben: Mal sind sie eher missionarisch, mal eher diakonisch. (Darum sind sie oftmals den ewigen Kritikern auch entweder nicht diakonisch oder nicht missionarisch genug.) Aber in aller Regel versuchen sie beides zusammenzuhalten. Die Frage, ob Jesus predigte und heilte *oder* heilte und predigte, ist ohnehin ziemlich akademisch.

Von theologisch völlig anderer Seite kommt die Bewegung »Kirche im Sozialraum«: Christinnen und Christen bzw. ganze Gemeinden verstehen sich als »Salz der Erde« und investieren sich ganz und gar in die Fragen und Probleme der sie umgebenden Gesellschaft. Sie nehmen die regionalen Lebensbedingungen in den Blick und versuchen, sie zu verbessern. Das tun sie nicht allein, sondern arbeiten eng mit Kommunen, lokalen Einrichtungen, Institutionen und anderen regionalen Playern zusammen. Ziel ist es, die soziale Struktur eines Dorfes oder einer Stadt zu stärken und das nachbarschaftliche Miteinander zu fördern. Auch hier fragen Kritiker gerne, ob so ein Ansatz wirklich das sei, was Jesus meinte, als er vom »Salz der Erde« sprach. Christinnen und Christen würden sich so in unserer Gesellschaft auflösen wie das Gewürz in der Suppe. Aber das ist ebenfalls eine Gespensterdiskussion. Die von einem diakonischen Grundansatz herkommenden Sozialrauminitiativen wirken nämlich in hohem Maße missionarisch. Kirche, die in Beziehung zu ihrem Umfeld geht, löst sich nicht selbst auf, sondern wird als hoch relevante Größe wahrgenommen. Immer wieder kommt es dabei zu Gesprächen darüber, was Christinnen und Christen dazu motiviert, das eine oder andere Dach abzudecken.

Mit »Fresh X« und »Kirche im Sozialraum« bewegen sich – einmal aus einem missionarischen, einmal aus einem diakonischen Grundansatz heraus – zwei Formen von Kirche aufeinander zu, die konsequent auf Beziehungsnetzwerke setzen. Man hat sogar ein gemeinsames Wort dafür gefunden, um den falschen Gegensatz von »missionarisch« und »diakonisch« aufzubrechen: »Missional« nennt sich diese Art von Kirche, die nicht bei der Ortsgemeinde, sondern in ihrem jeweiligen sozialen Umfeld ansetzt.

Um das Bild unserer Geschichte noch einmal aufzugreifen: Vier Freunde bringen ihren Freund zu Jesus, damit er ihn heile. Hier ist es müßig, zu fragen, ob ihr Ansatz nun ein missionarischer oder ein diakonischer ist. Das eine geht mit dem anderen Hand in Hand. Fest steht: Ob wir nun auf »Fresh X« setzen, auf »Kirche im Sozialraum«, auf die klassische Ortsgemeinde oder auf noch etwas ganz anderes: Die Kirche der Zukunft wird nur als Beziehungsnetzwerk überleben.

Und Jesus entwich in die Gegend von Tyrus und Sidon. Und siehe, eine kanaanäische Frau kam aus diesem Gebiet und schrie: »*Ach, Herr, du Sohn Davids, erbarme dich meiner! Meine Tochter wird von einem bösen Geist übel geplagt.*« *Er aber antwortete ihr kein Wort. Da traten seine Jünger zu ihm und sprachen:* »*Lass sie doch gehen, denn sie schreit uns nach.*« *Er antwortete:* »*Ich bin nur gesandt zu den verlorenen Schafen des Hauses Israel.*« *Sie aber fiel vor ihm nieder und sprach:* »*Herr, hilf mir!*« *Aber er antwortete und sprach:* »*Es ist nicht recht, dass man den Kindern ihr Brot nehme und werfe es vor die Hunde.*« *Sie sprach:* »*Ja, Herr; aber doch essen die Hunde von den Brosamen, die vom Tisch ihrer Herren fallen.*« *Da antwortete Jesus und sprach zu ihr:* »*Frau, dein Glaube ist groß. Dir geschehe, wie du willst!*« *Und ihre Tochter wurde gesund zu derselben Stunde.*

12. Hoffnung – voll Zuversicht das Beste erwarten
Die Heilung der kanaanäischen Frau – Matthäus 15,21-28

Albert Einstein hat mal den herrlichen Satz formuliert: »*Es gibt zwei Arten, sein Leben zu leben: entweder so, als wäre nichts ein Wunder, oder so, als wäre alles eines.*« Und eigentlich können Christinnen und Christen gar nicht anders, als nach Option zwei zu leben. Wenn wir nicht mehr an Wunder glauben, wer denn dann? Ja, wenn die Kirche nicht mehr glaubt, dass Gott in dieser Welt – und damit auch an ihr als Institution – Wunder tun kann und will, dass er Heilung in Gang setzen kann, dann verabschiedet sie sich von einem ihrer zentralen Inhalte, nämlich von der Hoffnung.

Hoffnung lebt davon, dass ich auf etwas vertraue und auf etwas hinlebe, das nicht in meiner Hand liegt. Läge es ausschließlich an mir, ob ich mein Ziel erreiche oder nicht, dann bräuchte ich keine Hoffnung, sondern nur Fleiß. Hoffnung dagegen ist eine motivierende und beflügelnde Kraft, die mich befähigt, Pfade zu beschreiten, bei denen ich keineswegs sicher wissen kann, ob sie erfolgreich zum Ziel führen. Ich schlage diese Routen ein, weil ich fest darauf vertraue, dass die Richtung stimmt, und dass sich die Dinge im rechten Moment zusammenfügen werden. Darum haben das deutsche Wort »Glück« und das englische Wort »Lock« (Schloss) den gleichen Wortstamm, beides meint: Das passt! Oder: Das wird passen!

Wer sich als Glaubender von Hoffnung leiten lässt, der wird nicht nur voller Optimismus an die Herausforderungen des Alltags herangehen, er wird auch in der Erwartung leben, dass er seinen Weg nicht alleine gehen muss – weil Gott mit ihm ist. Und allein diese Gewissheit mag schon manch »wundervolle« Entwicklung mit sich bringen. Nebenbei: Natürlich sind Glaube und Hoffnung eng verwandt – und die Schnittmenge zwischen beiden erweist sich als ziemlich groß. Trotzdem geben wir hier der Hoffnung ein eigenes Kapitel. Wir verstehen dabei Glauben eher als das Vertrauen, das uns Mut macht, etwas zu wagen, während Hoffnung uns motiviert, das Unverfügbare zu denken. Glauben ist demnach das *Fundament* meines Handelns, Hoffnung die *Ausrichtung* des Handelns auf ein Ziel. Wer hofft, der wagt es, das Mögliche einzuplanen – ohne Gewissheit, aber voller Zuversicht. Hoffnung heißt sogar: Ich halte dem möglicherweise Unmöglichen am Tisch des Lebens einen Platz frei. Und damit auch dem Wunder. So eine Grundeinstellung macht gelassen und optimistisch zugleich.

Aber Achtung! Man trifft in diesem Zusammenhang (»*Ich hoffe allein auf Gott!*«) gelegentlich auch die geistlich vielversprechende, aber zugleich fatalistische Vorstellung: »*Ich muss ja gar nichts machen. Da die Kirche die Kirche Jesus Christi ist, kann sie doch nicht untergehen.*« Schön wär's. Ist aber nicht so. Es sind genügend Kirchen untergegangen. Außerdem verkündet ein islamisches Sprichwort zurecht: »*Gott ist allmächtig und voller Mitleid. Doch wenn du Gerste anbaust, hoffe bei der Ernte nicht auf Weizen.*« Das Vertrauen auf Gottes Beistand ist keine Entschuldigung für falsche oder mangelnde Entscheidungsbereitschaft oder Trägheit. Und wer weiß denn, ob sich Gott genau diese Kirche vorstellt – oder ob er nicht von einer ganz anderen träumt, und zwar so sehr, dass er uns begeistert anfeuert, wenn wir anfangen, notwendige Veränderungen einzuleiten!

Dass selbst Jesus das Bild seiner Mission einmal massiv korrigieren musste, zeigt uns die letzte Genesungsgeschichte, die wir in diesem Buch vorstellen: die Heilung der kanaanäischen Frau. Eine Erzählung, die für fromme Ohren eine massive Anfechtung ist, weil die vorgestellte Persönlichkeit nicht nur keine Jüdin ist, sondern auch als hoffnungsvolle Frau der wieder einmal ziemlich laschen Jüngerschar gegenübergestellt wird. Darüber hinaus ist sie der einzige Mensch im Neuen Testament, der gegen Jesus ein theologisches Rededuell gewinnt. Und wie! Haushoch sogar. So sehr, dass Jesus anschließend seine Meinung ändert. Eine verachtete Heidin überzeugt Jesus und erklärt ihm, was geistlich richtig ist. Was für eine Story!

Lassen Sie sich das bitte mal auf der Zunge zergehen! Ein Evangelium, das antritt, um die Geschichte des heiligen Gottessohnes zu berichten, bekennt offen: Dieser Jesus hat sich auch mal geirrt. Und eine verachtete Fremde beweist mehr Hoffnung und versteht von der Kraft Gottes mehr als die versammelte Gruppe der Anhängerinnen und Anhänger, die schon seit Jahren mit Jesus unterwegs ist. Eine Episode, die noch im 21. Jahrhundert motivieren kann: Wenn selbst Jesus und seine Jünger in der Lage sind, Fehler zuzugeben und ihre Meinung zu ändern, dann könnte doch auch die Evangelische Kirche endlich den Mut entwickeln, sich mal in Frage stellen zu lassen.

Es geht in dieser Heilungsgeschichte also um eine (nach damaligem Verständnis) Kirchendistanzierte, die den zentralen Vertretern des Evangeliums hilft, die Botschaft Gottes besser zu verstehen. Und das ist kein Zufall: Der Autor möchte deutlich machen, dass es auch außerhalb des inneren religiösen Zirkels eine Menge Gotteserkenntnis gibt. Darum tun Glaubende gut daran, sich nicht von den Menschen in der Welt »da draußen« abzugrenzen, sondern deren ganz eigene Erfahrungen mit der Hoffnung und mit Gott ernst zu nehmen. Zu erkennen, dass Immanenz und Transzendenz nicht an die Kirche gebunden sind, sondern überall ineinanderfließen. Wir hatten es bereits weiter oben: Mission ist ein Geben und Nehmen. Willkommen in der Gegend von Tyrus und Sidon!

Konfrontation mit Fremdem

Wie gesagt: Eine Frau aus Kanaan war für einen gläubigen Juden ein Alptraum. Schließlich hatte schon der Urvater Abraham seinen Sohn Isaak schwören lassen, auf keinen Fall eine Kanaanäerin zu heiraten (Gen 34,19). Ja, Tyrus und Sidon galten als ähnlich verdorben wie Sodom und Gomorrha, und die Menschen, die aus dieser Region kamen, wurden als Feinde Israels angesehen. So wie Isebel, die schreckliche Königin, die ihren israelitischen Mann zum Heidentum verführt hatte. Zudem war überall bekannt, dass die beiden relativ großen Städte den Galiläern regelmäßig das Mehl wegkauften. Wenn Jesus in dieser Episode also darüber philosophiert, wem eigentlich das Brot zugutekommen und wer satt werden soll, dann klang zumindest für die Menschen aus Israel darin zugleich eine harsche politische Kritik an: Die Heiden fressen das Brot der Gläubigen weg.

Tja, nachdem Jesus eben noch mit einigen Pharisäern angeregt darüber diskutiert hat, was eigentlich gemeint ist, wenn man von »Rein« und »Unrein« spricht, trifft er jetzt (als personifizierte Reinheit) auf eine Frau, die damals allein wegen ihrer Herkunft als unrein galt. So schreibt man große Literatur: Der Messias muss das, was er gerade theoretisch erläutert hat, am eigenen Leib erfahren. Vielleicht, weil Kirchenmenschen bis heute dazu neigen, hochtheologische Erklärungen für irgendwelche Zusammenhänge zu liefern, ohne sie jemals in der Alltagspraxis umzusetzen und anzuwenden. Jesus kommt um den Praxistest nicht herum – und erlebt sein blaues Wunder.

So, wie es der Evangelist erzählt, kennt die Kanaanäerin Jesus schon, und dafür verantwortlich ist, nach Martin Luther, »*ohne Zweifel ein gutes Gerücht und gutes Geschrei, dass Christus ein frommer Mann wäre, der gerne hülfe. Solches Gerücht von Gott ist ein rechtes Evangelium und Wort der Gnade*«. Aber diese Frau zeigt auch sehr anschaulich, dass eine Wahrheit erst dann relevant wird, wenn sie das Verhalten beeinflusst. Sie sagt sich nämlich nicht: »*Ach, wie interessant, dass es da einen frommen Mann gibt.*« Nein, die Kanaanäerin lässt sich von der Hoffnung ergreifen, sie wird aktiv und macht sich auf den Weg – und sie grüßt Jesus als Messias: »*Ach, Herr, du Sohn Davids, erbarme dich meiner! Meine Tochter wird von einem bösen Geist übel geplagt.*« Was daraufhin passiert, ist eigentlich unglaublich: Die Frau wird nämlich gleich viermal abgewiesen. Und wenn Sie verstehen wollen, was Hoffnung bedeutet, dann reicht schon diese Zusammenfassung: Hoffnung heißt, auch dann weiter zu glauben, wenn ich wieder und wieder zurückgewiesen werde, wenn man mir wieder und wieder sagt: »*Das wird nichts.*« Dranzubleiben trotz aller Rückschläge. Schauen wir uns diese vier brüsken Ablehnungen mal an:

1. »*Jesus antwortete ihr kein Wort.*« Ja, wie unhöflich ist das denn? Die Frau kommt in ihrer Verzweiflung zu Jesus und der ignoriert sie einfach? Unfassbar! Wenn wir uns bewusst machen, dass der Autor diese Geschichte auch in den Erfahrungshorizont der frühen christlichen Gemeinden einbettet, dann sagt uns diese unschöne Erfahrung vor allem eines: Ja, es kann und es wird vorkommen, dass ein Mensch zu Gott ruft – und nichts geschieht. Keine Reaktion. Keine Antwort. Kein Widerhall. Einfach nur Stille. Wir sprechen mit Gott und haben den Eindruck: Er hört uns gar nicht. So geht es der Kanaanäerin. Und so geht es auch vielen anderen Menschen. Doch die »Fremde« lässt sich von dieser ersten Enttäuschung nicht stoppen. Ihre Hoffnung überwindet die Wirklichkeit. Und so schreit sie einfach weiter und macht uns so noch 2000 Jahre später deutlich: »*Gebt nicht zu früh auf. Bleibt dran. Lasst euch nicht irritieren.*«

2. »*Da traten seine Jünger zu ihm und sprachen: ‚Lass sie doch gehen, denn sie schreit uns nach.‘*« Mit anderen Worten: »*Jesus, mach was, die Frau nervt total!*« Und

wie schon angedeutet: Die Jünger als Insiderkreis wollen das wichtige Anliegen dieser Fremden gar nicht erst wahrhaben und beschäftigen sich in diesem Moment nur mit ihrem eigenen Wohlbefinden: Lass uns in Ruhe. Damit werden die Jünger zum Sinnbild einer Kirche, die sich mit der Not der Welt nicht befassen will, weil sie mit sich selbst beschäftigt ist. Wenn wir davon ausgehen, dass auch hier der Erfahrungshorizont der frühen Kirchengemeinden eine Rolle spielt, dann erzählt uns der Text unterschwellig: Leider passiert es allzu oft, dass ein Mensch seine liebe Not mit irgendetwas hat und Hilfe braucht, und dann sind es gerade die »Schwestern und Brüder«, die deutlich machen: *»Lass uns damit in Ruhe!«* So eine Reaktion tut weh, weil die- oder derjenige ja gerade gehofft hat, dass der Kirchenvorstand (oder wer auch immer) einen unterstützt. Und wieder gilt: Die Kanaanäerin lässt ihre Zuversicht nicht dämpfen: *»Hör nicht auf zu hoffen!«*

3. Jesus antwortete: *»Ich bin nur gesandt zu den verlorenen Schafen des Hauses Israel.«* Na toll! *»Ich bin für dich nicht zuständig.«* Eine Antwort, wie man sie sonst nur in Behörden-Parodien erwartet. Und in Kirchenverwaltungen: *»Also, dafür bin ich nicht zuständig.«* Die Frau wendet sich an den Sohn Gottes und bekommt gesagt: *»Versuch's doch mal in einer anderen Abteilung. Möglicherweise kann man dir in Zimmer 2857 weiterhelfen.«* Und sofort ploppt wieder die Gemeindeerfahrung auf, nämlich das noch heute vertraute Gefühl vieler Glaubenden: Vielleicht ist Jesus ja für mich und für mein Problem gar nicht der richtige Ansprechpartner. Darüber hinaus klingt in der Formulierung Jesu auch der Vorwurf durch: *»Du musst einer bestimmten Tradition angehören, um in*

den Geschmack des Heils zu kommen.« Etwas, das die Evangelische Kirche auch des öfteren kommuniziert: Wenn du dich nicht in unsere tradierten Strukturen einfügst, wenn du nicht richtig dazugehörst, dann können wir für dich nichts machen. Doch die Kanaanäerin ist einfach nicht bereit, das zu akzeptieren. Sie hofft und fleht weiter: »*Hilf mir!*«

4. »*Aber er antwortete und sprach: ‚Es ist nicht recht, dass man den Kindern ihr Brot nehme und werfe es vor die Hunde.*« Jetzt wird es ganz übel. Wir können zwar versuchen, uns diese Antwort schön zu reden – und viele Interpreten haben das so gemacht –, Tatsache bleibt aber: Jesus beleidigt die Frau. Und wie! Er vergleicht sie mit einem Hund, einem Köter, er benutzt eine deftige antike Beschimpfung für »Ungläubige« und »Gottlose«: Du Hund! Da vertraut sich eine verzweifelte Frau Gott an, und ihr wird mit harschen Worten zu verstehen gegeben: »*Du glaubst halt nicht richtig!*« oder »*Du gehörst nicht zu uns!*« oder »*Du bist nicht gut genug.*« Wie gesagt: Nicht einmal Jesus, der Sohn Gottes, sieht in diesem Moment die Situation der Flehenden, er steckt die Frau einfach in eine Schublade: Ausländerin! Ungläubige! Hündin! Das Entscheidende ist aber: Die Kanaanäerin bleibt trotzdem hartnäckig. Penetrant. Sie macht etwas, das Martin Luther später so erläutern wird: Sie »*glaubt mit Gott gegen Gott an*«.

Viermal ausgebremst. Viermal vor den Kopf gestoßen. Viermal abgewiesen. Doch all das tut der Hoffnung der Frau keinen Abbruch. Obwohl sie soeben übel beschimpft wurde, lässt sie sich nicht von Ärger, Wut oder Frust bestimmen, sondern weiterhin von ihrer Hoffnung. Toll, oder? Ich hätte schon beim ersten Mal empört dagegengehalten. Aber hier findet sich kein erbostes Zurück- oder

Um-sich-Schlagen, sondern nur beharrliches Dranbleiben. Es ist unfassbar: Die Frau bleibt wirklich eisern dran, selbst jetzt noch. Und sie tut das auf äußerst kluge Weise: Sie versucht nämlich nicht, das Bild von den Kindern bei Tisch und den darunter liegenden Hunden zu entkräften, zu widerlegen oder auszuhebeln. Nein, sie ergänzt es. Und zwar auf rhetorisch brillante Weise.

Sie sagt nicht *»Hör mal, Jesus, du hast nicht recht«*, nein, sie sagt *»Ja, Jesus, du hast recht.«* Wow! Menschen, die aus Hoffnung leben und agieren, denken nämlich positiv, weil sie nicht den Streit, sondern eine Lösung suchen. Weil sie nicht gegen etwas, sondern für etwas kämpfen. Darum erwidert die schon so oft Zurückgewiesene freundlich: *»Ja, Herr, aber doch essen die Hunde von den Brosamen, die vom Tisch ihrer Herren fallen.«* Die Kanaanäerin greift das Bild Jesu auf und führt es weiter, ergänzt es raffiniert: *»Deine Metapher ist gar nicht schlecht. Ich weiß jedoch aus eigener Erfahrung, dass man seinen geliebten Kindern gar nichts wegnehmen muss, um die Hunde satt zu bekommen. Es fällt immer was ab.«* – Wie clever ist das denn?

In diesem Moment fallen nicht nur die Brosamen vom Tisch des Herrn, sondern auch die Schuppen von Jesu Augen. Und er ruft: *»›Frau, dein Glaube ist groß. Dir geschehe, wie du willst!‹ Und ihre Tochter wurde gesund zu derselben Stunde.«* Dir geschehe, wie du willst. Was für eine Zusage! Es ist vor allem eine, die deutlich macht: Dein unbändiger Wille und deine unbändige Hoffnung, die dazu geführt haben, dass du dich trotz viermaliger Tiefschläge nicht hast beirren lassen, sind der Grund, dass ich die Situation neu bewerte und dass diese Heilung geschieht. *»O Frau, wie groß ist dein Glaube!«*

Genug für alle

In der Auslegungsgeschichte wird gerne darauf hingewiesen, dass diese Story wunderbar geeignet war, um den im ersten Jahrhundert überall entstehenden heidenchristlichen Gemeinden zu verkünden: »*Wie bei der Kanaanäerin gilt auch für euch: Das Evangelium ist nicht nur für die Jüdinnen und Juden da, sondern für alle.*« Quasi eine narrative Legitimation der Völkermission. Eine weitreichende Einladung, zu einer missionalen Kirche zu werden; einer Glaubensgemeinschaft, die von Anfang an die gesamte Welt im Blick hat – auch und gerade diejenigen, die man bislang als Feinde, Ungläubige oder Unwürdige betrachtet hat.

Gleichzeitig musste aber kein Mitglied einer judenchristlichen Gemeinde Sorge tragen, zu kurz zu kommen, denn die zentrale Aussage dieser Erzählung lautet ja: »*Es ist genügend Heil für alle da!*« Selbst wenn alle Heiden (»Hunde«) etwas davon abhaben wollten, wird es dem Volk Israel an nichts mangeln. Die Israeliten sind und bleiben Gottes geliebte Kinder und werden versorgt. Eine zeitlos beruhigende Botschaft, die auch in unserer Zeit nichts an Brisanz verloren hat, weil die Angst, »*Es könnte für uns nicht reichen*«, oft auch die kirchlichen Ebenen durchzieht. Dabei gilt auch hier: Das Heil ist nicht nur für uns da. Wir sind berufen, auch Menschen außerhalb unserer inneren Zirkel davon profitieren zu lassen.

Offen gesagt: Wer einmal einen Fusionsprozess zwischen zwei Gemeinden, Dekanaten oder gar Landeskirchen miterlebt hat, der weiß, dass dieses Thema brandaktuell ist – und dass Christenmenschen für die Sorge, »*zu kurz zu kommen*«, gerade heute äußerst anfällig sind. Oder schauen Sie mal hin, was passiert, wenn in einem kirchlichen Prioritätenprozess plötzlich ein Arbeitsbereich Gelder gekürzt bekommen soll. Dann zeigt sich meist ganz schnell: Wir Kirchenmenschen leben in der Regel nicht aus dem wohligen Gefühl, »*Es ist genug für alle da*«, sondern lassen uns schnell von der Unsicherheit bestimmen: »*Ich habe Angst, dass es für mich nicht reicht.*« Dabei steht das Brot in dieser Geschichte natürlich stellvertretend für das Heil, das Gott wie ein Füllhorn über seiner Schöpfung ausbreiten möchte. Es reicht für alle. Es wird uns an nichts fehlen. Nur leben wir meist nicht so. Bedauerlicherweise.

Ja, manches wird zurückgefahren werden müssen und sich nicht mehr in gewohnter Weise weiter finanzieren lassen. Und es wird immer wieder Änderungen und Einschnitte geben, die uns echt wehtun. Es ist wie bei einem Baum, den man zurückschneidet: Das tut einem im Herzen weh, das zu sehen. Und doch ist genau dieser Rückschnitt, wenn er denn fachmännisch vorgenommen wurde, der Anfang einer neuen Segensgeschichte.

Praktisch erfahren haben wir das in unserer gemeinsamen Arbeit, als wir dem damaligen Kirchenvorstand unserer Gemeinde den Vorschlag unterbreiteten, zehn Prozent aller nicht zweckgebundenen Mittel unseres jährlichen Haushalts Menschen und Projekten zugutekommen zu lassen, die mit unserer Gemeinde nichts zu tun hatten. Die erste Reaktion war fassungsloses Entsetzen. Dann mehr und mehr ein Begreifen: »*Wir haben einen großzügigen Gott. Also lasst uns ebenfalls großzügig sein.*« Wir haben das dann tatsächlich gemacht, und siehe: Mehr und mehr Menschen begannen, diesem Beispiel zu folgen und ebenfalls zehn Prozent ihrer Einkünfte abzugeben, an soziale Projekte, an die Gemeinde, an Personen in Not. Wir bekamen am Ende mehr zurück, als wir gegeben hatten. Und konnten selbst wiederum mehr geben.

Viele Glaubende sind dennoch wie getrieben von der Angst, es könne ihnen irgendetwas verloren gehen, nach dem Motto: *»Die Kirchensteuer ist nur gesandt zu den Kindern der Evangelischen Kirche.«* Wir wissen natürlich, dass das so nicht stimmt, weil wir durchaus Geld in diakonische Projekte und Institutionen stecken. Uns geht es hier aber um eine Geisteshaltung, die allzu oft in unseren Gremien und Entscheidungsprozessen spürbar wird: Wir leben nicht aus der Hoffnung, wir leben aus der Angst. Und da kommen uns theologische oder andere Vorbehalte manchmal gerade recht.

Sie glauben das nicht? Dann machen Sie doch mal ernsthaft den Vorschlag, die Evangelische Kirche oder Ihre Gemeinde möge zehn Prozent ihres Geldes zur Unterstützung katholischer oder gar freikirchlicher Projekte zur Verfügung stellen. Für Bildungsprogramme in Afrika oder gar für ein Sozialprojekt der benachbarten Moschee. Wir wünschen fröhliches Diskutieren!

Aber auch ohne theologische Vorbehalte ist Sparsamkeit in der Kirche ein sehr viel höher angesehenes Gut als Großzügigkeit. Und das gilt nicht nur für Geld, sondern auch für den Einsatz von Mitarbeitenden, Räumen, Know-how oder Materialien: *»Lasst uns nur nicht zu viel davon einsetzen. Und vor allem erst mal für unsere Leute.«* Dass wir auf diese Weise wortlos einen sparsamen, aber nicht einen großzügigen Gott verkünden, nehmen wir dabei billigend in Kauf. Hauptsache, wir halten das Unsrige zusammen. Wir schauen nicht auf das, was werden könnte, sondern auf das, was verloren gehen könnte. Das ist nicht nur zutiefst ungeistlich, es lähmt auch. Dabei gilt die Botschaft dieser Heilungsgeschichte damals wie heute: *»Es ist genug Heil für alle da!«* Und mehr Heil werden wir nicht dann bekommen, wenn wir krampfhaft an unserem Besitz festhalten und ihn zur Sicherung unseres Systems einsetzen, sondern nur, wenn wir ihn großzügig an andere weitergeben.

Diese Botschaft ist eine Hoffnungsbotschaft. Eine Hoffnungsbotschaft, die herausfordert, alle ängstlich-egoistischen Züge in der Kirche ein für alle Mal zu überwinden. Im Reich Gottes sollte es keine Konkurrenz geben. Wer ständig Angst hat, zu kurz zu kommen, der zeigt damit nur, dass er nicht mehr von Hoffnung getragen wird. Und vielleicht auch, dass er nicht vom Reich Gottes und seiner Ausbreitung her, sondern von seiner eigenen Interessen her denkt. Denn eines leuchtet sofort ein: Wenn alle Glaubenden von Hoffnung erfüllt wären, dann gäbe es auch keinen Grund mehr, als Kirchengemeinden oder Landeskirchen gegeneinander zu arbeiten. Dann würden wir gemeinsam gegen alles Unschöne »anhoffen«. Die kanaanäische Frau zumindest führt uns vor Augen, wie man auch in garstigen und entmutigenden Momenten tatenfroh und zuversichtlich bleiben kann, wie man hoffnungsfroh bleiben kann, wie man weiter glauben kann – auch wenn man mehrfach einen vor den Bug bekommt. Ja, lasst uns wieder eine Kirche werden, die aus der Hoffnung lebt!

Hoffnungsvoll leben

Wer in eine evangelische Kirchengemeinde kommt, sollte »mitgerissen« werden von einer Welle der Begeisterung, von einem Strom des Vertrauens, von einer spürbaren Hoffnung, die auch in unangenehmen Zeiten Mut macht, an Jesus mit aller Kraft festzuhalten und sich von Herausforderungen nicht aus der Ruhe bringen lassen. »Evangelisch« heißt wörtlich: »von einer guten Nachricht bewegt« – das sollte, ja, das muss man uns abspüren! Zum Glück trifft man gelegentlich Einzelne oder auch ganze Glaubensgemeinschaften, die eine solche Hoffnung ausstrahlen. Traurigerweise erleben wir aber zu oft Gemeinden und Personen, die auf die Frage nach ihrem Befinden als Erstes Dutzende von Problemen herunterbeten, die ihnen das Dasein schwer machen. Diese Probleme wollen wir nicht kleinreden, aber sie verlieren deutlich an Macht, wenn man ihnen eine grenzenlose Hoffnung entgegensetzt. Frei nach dem Motto: *»Sage Gott nicht, wie groß der Sturm ist, sondern sage dem Sturm, wie groß Gott ist!«*

Von Hoffnung kann man viel schwärmen, wirklich lernen kann man sie aber nur in der Praxis. Indem man mutige und hoffnungsvolle Schritte wagt. Was ja, zum Glück, hin und wieder auch geschieht: Ein Gemeindeaufbauverein stellt eine Hauptamtliche für Jugendarbeit ein, obwohl deren Gehalt nur für fünf Monate durch Rücklagen gesichert ist. Weil die Verantwortlichen dem Unverfügbaren eine Chance geben. Oder ein Kirchenvorstand entscheidet sich, einen Kongress zu veranstalten, der nur funktioniert, wenn 50 Ehrenamtliche mitarbeiten – und veröffentlicht das Ganze, auch wenn die Besetzung des Teams noch völlig offen ist. Oder im Gemeindezentrum wird eine Krabbelgruppe für das Neubaugebiet mit seinen vielen jungen Familien eröffnet, obwohl sich in dem Raum seit gefühlten 70 Jahren der Häkelkreis mit drei Mitgliedern trifft und noch keiner weiß, ob das neue Angebot angenommen wird. Oder der Besuchsdienstkreis beschließt, im kommenden Jahr, statt der runden Jubilare ab 75, einfach mal alle 30-Jährigen zu besuchen … oder sogar beide Gruppen, in der Zuversicht, dass sich für diese Idee begeisterte Unterstützerinnen und Unterstützer finden lassen. Oder die Gemeinde entwickelt ein zusätzliches Gottesdienstangebot, das vor allem ästhetisch ansprechend sein soll – und lädt dazu Künstlerinnen und Künstler der Region ein, ohne denen vorzuschreiben, wie sie die geistlichen Themen umzusetzen haben.

So etwas kann man unverantwortlichen Leichtsinn nennen – oder auch hoffendes Vertrauen. Auch hier ist die Grenze mitunter hauchfein und es ist eine geistliche Aufgabe, das eine vom andern zu unterscheiden. Saubere Projektplanung hat zweifellos ihren Wert und es spricht nichts dagegen, ein Budget oder ein Team schon vorher zusammen zu haben. Aber zu einer christlichen Gemeinschaft gehört immer auch die Hoffnung, die uns dazu bringt, Neues und Großes zu wagen, selbst wenn wir das Ergebnis nicht garantieren können.

Mehr noch, eigentlich müsste sich jede evangelische Institution regelmäßig fragen: *»Was machen wir eigentlich nächstes Jahr für ein Projekt, bei dem wir ganz bewusst auf Hoffnung und nicht auf Berechnung bauen?«* – Oder wann haben Sie das letzte Mal ein solches Projekt gestartet? Wir sollten das viel öfter machen: Weil wir als Evangelische Kirche kein Betrieb, sondern eine Hoffnungsgemeinschaft sind. Und das werden wir nur erleben, wenn wir der Hoffnung eine Chance geben.

So wie die Kanaanäerin, die eine klare Hoffnung vor Augen hat (nämlich die Heilung ihrer Tochter), die bereit ist, mit Jesus intensiv zu ringen, die voller Zuversicht jede Zurückweisung an sich abperlen lässt – und die dann aus Jesu Beleidigung das Sprungbrett für ihren Erfolg macht. Getreu dem Motto: *»Wenn das Leben dir Zitronen gibt, mach Limonade draus.«* Wie gesagt: Hoffnung ist die Kraft, die Möglichkeit über die Wirklichkeit zu stellen. Und wer, wenn nicht Jesus, hat uns zugesagt, unsere Wirklichkeit zu verändern? Also: Lasst uns neu anfangen, aus der Hoffnung zu leben!

Es gibt kein Geheimrezept, wie eine Gemeinde oder eine Landeskirche eine solche Hoffnung in sich neu entfachen kann – außer: Sie wagt es einfach. Die Zusage Jesu »*Ihr seid das Licht der Welt!*« lässt sich nicht anders verstehen als eine Aufforderung, hoffnungsvoll zu sein und Hoffnung in die Welt zu tragen. Und dass eine starke Hoffnung es um uns und in uns hell werden lässt, hat jede und jeder schon mal erfahren. Das beste Medikament für eine sich erneuernde Kirche ist deshalb (zusammen mit »Glaube« und »Liebe«) die Hoffnung.

Ach ja ... und weil Träume und Visionen auch in den Bereich »Hoffnung« gehören, lasst uns zum Abschluss dieser Reise durch die Heilungsgeschichten Jesu noch einmal die Betroffenen wahrnehmen ... quasi bei einem »Kleinen Klassentreffen der Geheilten«. Und ... Vorhang auf! ... da sind sie:

- Der ehemals kranke und jetzt freudestrahlende Mann vom Teich Betesda, der weiterhin seine Matte unterm Arm trägt, weil er sich so gerne darin erinnert, wie gut es tut, nach 38 Jahren eine Last überwunden zu haben.
- Die aufgerichtete Frau aus der Synagoge, deren erhobener Blick bis in den Himmel reicht und die es immer noch nicht lassen kann zu jubeln, weil sie nicht mehr nur sich selbst, sondern die größeren Zusammenhänge sieht.
- Daneben der Taubstumme aus Tyrus, der ihr aufmerksam zuhört, auch wenn man ihm ansieht, dass er ebenfalls unbändige Lust hat, von seinem Glück zu erzählen: Endlich wieder kommunizieren können.
- Begleitet wird er von dem entspannten Gerasener, dem die Last einer ganzen Legion von der Seele genommen

wurde und der mit breitem Grinsen von den 2000 Säuen erzählt, die sich sein Dämon ausgesucht hat.

- Dann stürmt die Frau herein, die früher mal blutflüssig war und nun jeden der Anwesenden stürmisch umarmt, weil sie endlich wieder menschlichen Kontakt haben darf und das unfassbar genießt.

- Genauso geht es dem ehemals Aussätzigen, der gelernt hat, dass nichts und niemand ihn von der Liebe Gottes trennen kann und der seither alles dafür tut, um für sich und für andere Nähe erfahrbar zu machen.

- Ach, und am Büffet steht Bartimäus, lächelnd, weil er erlebt hat, dass es sich lohnt, alle Sicherheiten aufzugeben, um auf diesen Jesus zu vertrauen – womit er damals trotz seiner Blindheit weitsichtiger war als manche Jünger.

- Deshalb freut er sich auch mit dem einst Stummen, der so begeistert ist über seine neu gewonnene Sprachfähigkeit, dass er gar nicht mehr aufhören möchte, von der Macht Gottes zu erzählen.

- Währenddessen hält der Mann, dessen Hand verdorrt war, seine fünf Finger in die Luft und zeigt den Anwesenden, wie gelenkig er jetzt ist, während er berichtet, was es bedeutet, mit beiden Händen anpacken zu können.

- Und Jaïrus? Der hat seine Tochter mitgebracht, eine lässige Pubertierende, die immer noch nicht fassen kann, dass der grenzenlose Glaube ihres Vaters dazu geführt hat, dass sie wieder unter den Lebenden weilt.

- Plötzlich ein Johlen am Eingang: Der Geheilte aus Kapernaum hat seine vier Freunde mitgebracht, weil er findet, dass seine Genesung echtes Teamwork war ... und weil er auch die Zukunft als starke Gemeinschaft angehen will.

- Und ganz am Schluss betritt die Kanaanäerin den Saal. Ebenfalls mit ihrer Tochter. Sie freut sich; nicht nur darüber, dass ihre Hoffnung wahr wurde, sondern auch darüber, dass das Heil offensichtlich für so viele reicht.

Dann heben die zwölf ihre Becher mit Wein, prosten einander zu und lachen überglücklich. Und es könnte sein, dass dieser Anblick genau das ist, was Jesus meinte, als er vom »Reich Gottes« sprach.

*Und er ging von dort weg und kam in seine Vaterstadt,
und seine Jünger folgten ihm nach. Und als der Sabbat
kam, fing er an zu lehren in der Synagoge. Und viele,
die zuhörten, verwunderten sich und sprachen: Woher
hat er dies? Und was ist das für eine Weisheit, die ihm
gegeben ist? Und solche Taten geschehen durch seine
Hände? Ist der nicht der Zimmermann, Marias Sohn
und der Bruder des Jakobus und Joses und Judas und
Simon? Und sie ärgerten sich an ihm. Jesus aber sprach
zu ihnen: Ein Prophet gilt nirgends weniger als in seinem
Vaterland und bei seinen Verwandten und in seinem
Hause. Und er konnte dort nicht eine einzige Tat tun,
außer dass er wenigen Kranken die Hände auflegte und
sie heilte. Und er wunderte sich über ihren Unglauben.
Und er zog rings umher in die Dörfer und lehrte.
(Markus 6,1–6)*

Nachwort

Dieses Buch ist von einer doppelten Hoffnung getragen:
zum einen, dass unsere Kirche in vielfacher Weise gesünder wird, wenn sie sich wieder stärker an die Person Jesu
annähert. Und zum andern, dass sich diese Annäherung
auch dann lohnt, wenn der Zustand einer Kirche oder Gemeinde weiterhin herausfordernd bleibt und keine sofort
erkennbare Heilung erfolgt.

Kann und wird unsere Kirche jemals durch und durch
gesund werden? Die Erfahrung der letzten 2000 Jahre
lässt uns sagen: Wohl eher nicht. Und doch kann sie deutlich gesünder werden, als das im Moment der Fall ist. Darum haben wir dieses Buch geschrieben. Weil jede positive
Entwicklung das Reich Gottes voranbringt.

Knapp drei Dutzend Heilungen werden uns im Neuen Testament von Jesus berichtet. Das sind nicht wirklich viele angesichts des unendlichen Meeres von Krankheit, Behinderung und Leid. Auch wenn die »Dunkelziffer« der Heilungen sicherlich deutlich darüber liegt, ist offensichtlich: Jesus hat nicht alle geheilt. Nehmen Sie nur unsere erste Geschichte vom Kranken am Teich Betesda: Auf den einen Geheilten kamen fünf Hallen voller kranker Menschen (vgl. Johannes 5,3). Außerdem waren alle, die Jesus heilte, nicht davor gefeit, eines Tages wieder krank zu werden. Und gestorben sind am Schluss auch alle, inklusive derjenigen, die er auferweckte.

Bereits im Vorwort haben wir auf den Umstand hingewiesen, dass das Neue Testament im Zusammenhang mit den Heilungen Jesu nicht von »Wundern« redet, sondern von »(Macht-)Taten« oder noch öfter von »Zeichen«. Das macht vielleicht etwas verständlicher, warum Jesus nicht alle Menschen geheilt hat. Allzu viele Hinweisschilder verhindern nämlich die Aussicht auf das, worauf diese Zeichen hinweisen möchten. Es geht nicht darum, Wegweiser zu bestaunen, sondern darum, ihnen zu folgen.

Obwohl es Jesus um jeden einzelnen Menschen ging, dem er sich zuwandte, wies doch jede seiner Taten über sich selbst hinaus. Jede Heilung wurde zum Zeichen für das umfassende Heil, das Gott schaffen will. Dieses Heil umfasst Körper, Seele und Geist. Darum heilte Jesus nicht nur, sondern er predigte auch und bot vor allem Beziehung an. Es war nicht die Sendung Jesu, die ganze Welt »durchzuheilen« – das wird erst am Jüngsten Tage erfolgen; in Gottes neuer Welt, von der es heißt: »... *und Gott wird abwischen alle Tränen von ihren Augen, und der Tod wird nicht mehr sein, noch Leid noch Geschrei noch Schmerz wird mehr sein; denn das Erste ist vergangen. Und der*

auf dem Thron saß, sprach: Siehe, ich mache alles neu!«
(Offenbarung 21,4f.). Noch leben wir in einer vorläufigen
Welt, einer von Sünde und Leid geprägten Schöpfung, und
daran wird sich bis ans Ende der Zeit nichts ändern. Jesu
Auftrag war es, Zeichen von Gottes kommender Welt zu
setzen – und zu zeigen, dass diese schon jetzt in unsere
Zeit hineinragt und hineinwirkt.

Trotzdem machen die neutestamentlichen Texte deutlich, dass Jesus gerne noch ein paar Heilungen mehr voll-
zogen, gerne noch ein paar Zeichen mehr gesetzt bzw.
ein paar »Schilder« mehr aufgestellt hätte. In dem Text,
den wir über dieses Nachwort gestellt haben, wird na-
hegelegt, dass das viel mit dem fehlenden Glauben der
Menschen zu tun hat. Immer wieder sind wir in diesem
Buch auf das Zusammenspiel von Glauben und Heilung
gestoßen. Heilungen und Wunder – das haben wir immer
wieder gesehen – schaffen keinen Glauben. Sie setzen vielmehr glaubendes Vertrauen voraus. Sie sind und bleiben
»Zeichen«. Ein Zeichen ist auf Glauben angewiesen. Es
hilft nur dem, der ohnehin schon in die richtige Richtung
schaut.

Heißt das nun, dass alle, die glauben, gesund werden?
Oder dass umgekehrt alle, die krank bleiben, nicht genug Glauben haben? Nein! Das anzunehmen wäre eine
schlimme Verirrung. Und es wäre auch unbiblisch. Jesus
hat nicht einmal ansatzweise alle Kranken geheilt, und das
hatte nichts mit ihrem Glauben oder Unglauben, sondern
mit dem Charakter seiner Sendung zu tun. Und mit dem
Charakter dieser in vielerlei Hinsicht fragmentarischen
und gebrochenen Welt. Was wir aber aufgrund der Jesus-
geschichten zweifellos sagen können, ist, dass tatsächlich
deutlich mehr Heilungen passieren würden, wenn wir
mehr Glauben hätten. Nicht immer und überall. Aber so

häufig und deutlich, dass es für viele zu einem Hoffnungszeichen werden könnte.

Was heißt das nun in Hinblick auf unseren »evangelischen Patienten«? Zum einen, dass es nie dazu kommen wird, dass die Kirche ganz geheilt sein wird. Wir sind und bleiben Teil der »gefallenen« Schöpfung. Darum werden Kirche, Gemeinde und Diakonie auch weiter von Schwachheit, Versagen und vielfältigen Gefährdungen gekennzeichnet bleiben. Wir sind und bleiben auf einen Heiland angewiesen.

Und zum anderen, dass Jesus auch heute sicher gerne noch ein paar mehr Zeichen setzen würde. Ein paar mehr vitale Gemeinden und eine deutlich größere Zahl missionarisch-diakonischer Initiativen und hoffnungsvoller Aufbrüche wären in dieser Kirche garantiert möglich. Das wäre einerseits ein großer Schritt Richtung »Gesundheit«. Andererseits wäre es aber ein wichtiges Hoffnungzeichen nicht nur in die Kirche, sondern in unsere gesamte Gesellschaft hinein.

Eine der größten Überraschungen beim Schreiben dieses Buches war für uns die Tatsache, in welchem Ausmaß gar nicht so sehr die Gegner Jesu, sondern vor allem die Menschen in seiner unmittelbaren Umgebung seinen Heilungen im Weg standen: Da waren zum einen – wie im oben abgedruckten Bibeltext – die Menschen, denen Jesus schon von Kindheit an vertraut war und die mit seiner neuen Berufung nichts anfangen konnten – und zwar bis in seine *Familie* hinein. In vielen Geschichten begegnet uns außerdem die *große Menge der Neugierigen und Interessierten*, die die Wunder Jesu zwar wohlwollend bestaunt, die aber die »Zeichen« dahinter nicht versteht. Und schließlich sind es erstaunlicherweise immer wieder die *Jünger Jesu*, die sich in den Heilungsgeschichten der

Evangelien als reichlich begriffsstutzig herausstellen. In einigen Fällen versuchen sie sogar, Heilungen auszubremsen und zu verhindern. Diese drei »Gruppen« gibt es in gewisser Weise bis heute.

Offensichtlich hindert nicht nur »zu wenig« Glaube Jesus daran, zu handeln, sondern auch »zu viel« bzw. ein sich an falschen Dingen festmachender Glaube. Das ist – wie gesagt – nur ein Teil der Antwort, warum Jesus nicht alle geheilt hat. Allerdings ist es *der* Teil der Antwort, den wir beeinflussen können. So können wir uns beispielsweise fragen: Wo haben wir *zu wenig* Glauben und Zutrauen in die Kraft Jesu? Wo fehlt uns das Vertrauen eines Jaïrus gegen das Geschwätz der Leute, der hoffnungsvolle Glaube der kanaanäischen Frau gegen das Schweigen Gottes oder der liebevoll zupackende Glaube der vier Freunde, der nötigenfalls übers Dach geht? – Die andere Frage lautet: Wo haben wir vielleicht *zu viel* Glauben bzw. zu festgelegte Vorstellungen, sodass Jesus gar keine Chance hat, dazwischenzukommen und zu wirken? Wo brauchen wir Korrektur, wo vielleicht auch klaren Widerspruch, weil ein Kurswechsel vonnöten ist?

Unser Auftrag als Kirche ist es, »hinzugehen« zu den Menschen und ihnen im Namen Jesu Heil und Heilung anzubieten. Dazu aber müssen wir beides erst einmal an uns selbst geschehen lassen. Das ist der Ansatz dieses Buches. Wir müssen die Medizin, die wir anderen anbieten, selbst genommen haben, denn wir leiden unter vergleichbaren Krankheiten. Manche empfinden allerdings die bloße Anmutung, die Kirche bedürfe der Heilung, als Affront. Doch hüten wir uns hier vor falschem Stolz! Wie schon im Vorwort erwähnt: Wer gesund ist, braucht keinen Arzt. Das heißt: Eine durch und durch gesunde Kirche braucht ... Jesus nicht. Und eigentlich gibt es nichts Schlimmeres als die Weigerung, Jesus, den großen Heiler, an sich wirken zu lassen. (Schauen Sie sich noch einmal die Karikatur auf der Rückseite des Buches an). Charles Haddon Spurgeon, ein bekannter Prediger des 19. Jahrhunderts, sagte einmal in einer Predigt angesichts der vielen im Publikum vorhandenen feingekleideten Honoratioren, die sich über ein paar ebenfalls anwesende Säufer und Bettler aufregten: »*Mein Meister kommt nicht in die Versammlung, in welcher sich jeder selbstzufrieden fühlt, wo keine blinden Augen, keine tauben Ohren, keine gebrochenen Herzen, keine verdorrten Hände sind, denn wozu brauchen solche Leute einen Heiland?*«

Wir haben die Wahl: Wollen wir uns für gesund erklären – oder wollen wir Jesus eine Chance geben, uns zu heilen? Wenn Sie die in diesem Buch beschriebenen Anregungen aufgreifen, ist das natürlich keine Garantie für Heilung. Und doch: Welche andere Möglichkeit sehen Sie, als zu Jesus, dem großen Heiler, zu gehen bzw. anderen zu helfen, dorthin zu kommen? Denn eins scheint uns festzustehen: Durch Sparmaßnahmen, Fusionen und Digitalisierung allein wird die Kirche bestimmt nicht gesunden. Es gibt keine nachhaltige Kirchenentwicklung an der Person Jesu vorbei.

Vielleicht bleiben Sie an dieser Stelle skeptisch. Oder sagen: »*Ach, wir haben schon so vieles versucht. Sich jetzt auch noch darauf einzulassen, dazu fehlt uns schlicht und einfach die Kraft.*« Dann erinnern Sie sich bitte noch einmal an den Anfang dieses Buches. Da sitzt ein Mann im Gefängnis: Johannes der Täufer. Der erste jüdische Prophet nach fast 400 Jahren. Es ist erschütternd, zu sehen, wie dieser Mann, der Jesu Sendung wie kein anderer vorbereitete und Tausende Menschen mit dem lebendigen Gott in Berührung brachte, ebenfalls fast resigniert und am Ende seiner Tage zu zweifeln beginnt: *»Bist du, der da kommen soll, oder sollen wir auf einen andern warten?«*

Die Antwort, die Jesus ihm zukommen lässt, ist: *»Blinde sehen und Lahme gehen, Aussätzige werden rein und Taube hören, Tote stehen auf und Armen wird das Evangelium gepredigt; und selig ist, wer sich nicht an mir ärgert.«* – Ja, es wurden und werden nicht alle geheilt. Manchmal möchte man fast verzweifeln angesichts dieser Tatsache. Aber – so muss man auch sagen – diejenigen, die Jesus geheilt hat, haben die Welt verändert. Bis heute, bis zu diesem Moment, in dem Sie diese Zeilen lesen, wirken ihre Heilungen fort. Jesus hat zwar nicht alle, aber immerhin so viele geheilt, dass die Geschichten davon weiter fortwirken und sein Evangelium sich weltweit immer weiter ausbreitet. Ob auch bei uns Heilungen geschehen oder nicht: Das Entscheidende ist, in die Nähe Jesu zu kommen. Sei es zum ersten oder zum wiederholten Mal.

Natürlich würden wir uns wünschen, dass die in diesem Buch beschriebenen Anregungen auch bei Ihnen zu Heilungen führen, die die Welt verändern. Wir können es nicht garantieren. Aber wir vermitteln diese Impulse seit vielen Jahren in unseren Büchern und Seminaren – und erleben mit Freude, wie neu gewonnene Glaubenskraft Menschen und Gemeinden verändert. Dass dies immer weiter ausstrahle in die gesamte Kirche und Diakonie hinein, ist unser Wunsch und unser Gebet.

So, dass wir den Boten eines fragenden »Johannes« unserer Tage sagen können: *»Ja, es sieht nicht immer einfach aus, und manche Probleme erscheinen geradezu unlösbar. Und doch gibt es Hoffnungszeichen und Heilungsgeschichten: ›Geht und erzählt Johannes, was* *ihr in der Evangelischen Kirche hört und seht: Einsame finden Freunde! Traurige werden fröhlich! Träge werden aktiv! Hasserfüllte finden Frieden! Verstockte fangen an zu lieben! Ausgebrannte leuchten wieder! Arme fühlen sich reich! Hungernde werden satt! Verzagte verspüren Mut! Ziellose entdecken ihren Sinn! Und Suchenden wird das Evangelium gepredigt.‹«*

Zwölf Heilungsgeschichten haben wir in diesem Buch beschrieben. Gerne würden wir in einer späteren Auflage eine dreizehnte hinzufügen. Eine Geschichte, die mit den fröhlichen Worten beginnt: »*Stellt euch vor: Die Evangelische Kirche wurde gesund* ... ‹«

Über die Autoren

Dr. Klaus Douglass, Jg. 1958, ist Theologe, Schriftsteller und Persönlichkeitstrainer. Er war über zwanzig Jahre lang Gemeindepfarrer und anschließend zehn Jahre Referent seiner Landeskirche für missionarische Gemeindeentwicklung. Seit März 2020 leitet er die evangelische Arbeitsstelle midi in Berlin (*www.mi-di.de*). Dort arbeiten er und sein Team mit viel Lust und Leidenschaft an gemeinsamen Zukunftsthemen von Kirche, Diakonie und Mission.

Veröffentlichungen (u.a.)

Glaube hat Gründe. Eine lebendige Beziehung zu Gott finden. Neuauflage Stuttgart 2010

Beten – ein Selbstversuch. Asslar 2011.

Die neue Reformation. 96 Thesen zur Zukunft der Kirche. Neuauflage Glashütten 2016.

Dr. Fabian Vogt, Jg. 1967, ist Theologe, Schriftsteller und Künstler. Wenn er nicht gerade für die Evangelische Kirche kreative Kommunikationsprojekte entwickelt, Beiträge für den hessischen Kultsender hr3 aufnimmt oder als Kabarettist auf der Bühne steht (»Duo Camillo«), schreibt er Romane, Kurzgeschichten und unterhaltsame Sachbücher. Für seinen Roman »Zurück« wurde er mit dem »Deutschen Science-Fiction-Preis« ausgezeichnet.

Als Gemeindeentwickler hat der überzeugte Hesse mit starken Teams mehrere Kirchengemeinden aufgebaut und war zudem viele Jahre als Referent für »Alternative Gottesdienste« unterwegs. *www.fabianvogt.de*

Aktuelle Veröffentlichungen

25 x Hier stehe ich. Ich kann nicht anders. Menschen, die die Welt verändern. München 2021.

Drei Leben. Roman. Leipzig 2020.

100 Dinge, die du NACH dem Tod auf keinen Fall verpassen solltest. Ein kleiner Reiseführer durch das Jenseits. München 2019.

Gemeinsame Veröffentlichungen der Autoren

Träume nicht dein Leben, lebe Deinen Traum.
Wie eine klare Vision den Alltag verändert. Neuauflage
Kevelaer 2018 (zusammen mit Kai Scheunemann).

Expedition zum ICH. In 40 Tagen durch die Bibel.
Glashütten ⁴2012.

Expedition zum Anfang. In 40 Tagen durch das
Markusevangelium. Glashütten 2013.

Expedition zur Freiheit. In 40 Tagen durch die
Reformation. Glashütten 2016.